レシピのいらない和食の本

行正り香

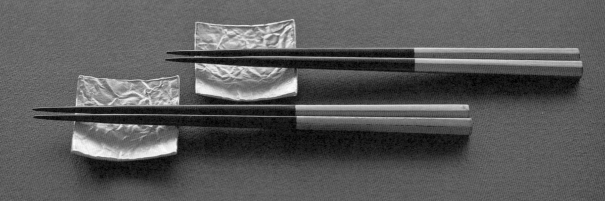

講談社

はじめに

もっと和食を作って、楽しんでほしいから、
誰でも味が決まる簡単なルールを考えました

　2005年に、『やっぱり、和食かな。』という和食本を出版させていただきました。それから12年。私が和食を見る視点は、大きく変わりました。一番大きな要因は、5年前から始まった、英語による和食のテレビ番組「Dining with the Chef」（NHKワールド）に出演していること。日本に向けてではなく、世界の方に向けて「和食ってこうだよ」と説明しているうちに、自分自身が改めて和食と向き合うことになったのです。観察し直し、じっくり向き合うと、和食のすばらしさがジンジン体に響いてきました。和食は健康的でバラエティに富み、目で感じて美しく、旬を大切にし、そして人への思いやりに溢れている。

　日本に住んでいると、そんなことは当たり前すぎて、語り合うことなどなかったのだけど、海外の人に説明をしていくうちに、「和食は世界的に見て、稀有なものなのだな。だから和食は世界文化遺産に選ばれたのだな」と気づかされたのです。

　私たちが改めて学ばずとも大切にしていることに、和食における「五味、五法、五色、五感」というものがあります。五味は「甘み、酸味、苦み、辛み、塩味」という5つのベースの味。五法とは、「焼く、煮る、揚げる、蒸す、生（切る）」という5つのベースの調理法。五色は「青（緑）、黄、白、黒、赤」という5つの基本の色。そして五感は「視覚、触覚、聴覚、嗅覚、味覚」という5つの感覚を指します。たとえ家庭料理であっても、お弁当でも、学校の給食でも、スーパーのお惣菜やコンビニのお弁当であっても、私たち日本人は、知らず知らずのうちにこの「五味、五法、五色、五感」を大切にしながら、献立を組み、料理を作り上げています。

最近では、パスタなどと比べて和食を作るのは面倒だ、という方も増えました。「確かにそうかもしれない」と思います。パスタとサラダは2品だけ用意すればいいのに、和食となると、ベースは「一汁三菜」。いきなり品数が倍に増え、それだけでもなんだか大変な気がします。一方で、年を重ねれば重ねるほど、和食はある一定のルールさえ頭に入っていれば、レシピを見る必要もなく、素早く作ることができる最良の調理法なのだということがわかってきます。

　私が改めて気がついた和食のすばらしさと方法論を、ぜひみなさんに伝えたい。私がいつも頭の中で考えていることを、改めてルールという形にすれば、みなさんも私と同じく、今後いっさい料理本を見ることなく調理できるはず。スーパーに行って旬の食材を見つけたら、すぐにレシピが組み立てられ、おいしい和食ができるはず、と思いました。そうしてできたのが、こちらの『レシピのいらない和食の本』です。

　最初は「数とか比率は苦手」と思われるかもしれません。だけど、数学のルールや英語の文法というのは、ミニマムな力である一定のレベルまで連れていってくれる、「最速の乗りもの」のような存在です。みなさんも私といっしょに、「ルールという乗りもの」に乗ってみてください。和食って難しい、配合なんて覚えられない、という方も未来はみなさん、和食名人です。

もくじ

- 002 はじめに
- 008 「一汁二菜」から始めよう
- 010 手際よく作るには
- 012 この本の使い方
- 014 和食と健康

016 レシピいらず！の焼くルール

- 018 塩焼き ■ 切り身2％　一尾2.2％　鯛の塩焼き
- 020 幽庵焼き ■ さみしl 1：1：1　生鮭の幽庵焼き
- 021 みそ幽庵焼き ■ たれ3：みそ1　鯛のみそ幽庵焼き
- 022 バター焼き ■ ごく弱火でかけ焼き　さわらのバター焼き
- 024 照り焼き ■ 2：1：1：1　弱火仕上げ　ぶりの照り焼き
- 026 　　　　手羽先の照り焼き
- 027 　　　　鶏ももの照り焼き
- 028 みそ焼き　田楽みそ ■ 4：2：2：1　豚のみそ焼き
- 029 しょうが焼き ■ さみしさ同量＋α　豚のしょうが焼き
- 030 ステーキ ■ 塩1.4％で強火2分　2分ステーキ
- 032 焼肉 ■ オール2だれ　焼肉
- 034 ハンバーグ ■ 牛2：豚1　13分　13分ハンバーグ
- 036 本格ハンバーグ ■ 肉をたたいて塩1％　本格ハンバーグ
- 038 肉のロースト ■ 肉の2％　120度　ローストビーフ

- 040 *Column* 季節を楽しむ

本書のきまり

◆ 計量の単位は、小さじ1＝5㎖、大さじ1＝15㎖、カップ1＝200㎖です。
◆ 電子レンジは、500Wを使用した場合の加熱時間です。600Wの場合は加熱時間を0.8倍にしてください。
◆ オーブンやグリルは、方式や機種などによって差がありますので、様子を見ながらかげんしてください。
◆ 塩は粗塩を使用しています。おすすめの塩についてはP146〜147を参照してください。

042 レシピいらず！の 煮る ルール

- 044 関東風の甘辛・六ちゃん ≡ 6：1：1：1 　　鴨の六ちゃん鍋
- 046 おふくろの味・七ちゃん ≡ 7：1：1：1 　　肉じゃが　七ちゃん煮
- 048 　　　　　牛肉の八幡巻き　七ちゃん煮
- 049 　　　　　ピーマンの肉詰め　七ちゃん煮
- 050 おばんざい・八ちゃん ≡ 8：1：1 　　水菜と揚げ　八ちゃん煮
- 052 京都料亭風・十六ちゃん ≡ 16：1：1 　　竹の子とわかめ　十六ちゃん煮
- 054 煮魚・肉の煮込み ≡ さみしさ同量　水ひたひた　　かれいの煮つけ
- 056 　　　　　豚肩ロース煮
- 057 　　　　　豚ばらと大根煮
- 058 みそ煮 ≡ さみしさに、みそも同量　水ひたひた　　さばのみそ煮
- 060 すき焼き割り下 ≡ さみしさ同量　　すき焼き

- 062 *Column* 　和食とうつわ

064 レシピいらず！の 揚げる ルール

- 066 天ぷら ≡ 炭酸水マジック　　えびときすの天ぷら
- 068 かき揚げ ≡ 濃いめ・薄づけ　　玉ねぎとにんじんのかき揚げ
- 069 高温から揚げ ≡ 半生揚げ　　たこのから揚げ
- 070 魚のから揚げ ≡ たっぷり、ゆっくり　　かれいのから揚げ
- 072 肉のから揚げ ≡ オール1　　鶏のから揚げ
- 074 　　　　　チキン南蛮
- 075 　　　　　肉だんご甘酢がけ
- 076 カツレツ ≡ 日本のPANKO
  - **粗い生パン粉** 　とんカツ
- 078 **乾燥パン粉（中）** 　コロッケ
- 079 **細かいパン粉** 　あじフライ

080 レシピいらず！の 炒める ルール

- 082 青菜のだし炒め ≡ オール1　　ほうれんそうのだし炒め
- 084 きんぴら ≡ しょうゆ2：ほかオール1　　にんじんとじゃがいものきんぴら
- 085 のり炒め ≡ オール1　　パプリカののり炒め
- 086 バターわさび炒め ≡ オール1　　マッシュルームのバターわさび炒め
- 087 卵炒め ≡ オール1　　豆腐の卵炒め

もくじ

088 レシピいらず!の 蒸す ルール
- 089　茶碗蒸し ≡ 13分マジックを活用　　茶碗蒸し
- 090　魚の酒蒸し ≡ 塩3%　ふり酒　　鯛の酒蒸し

- 092　*Column*　世界の中の和食

094 レシピいらず!の 生 ルール
- 096　刺身 ≡ 筋に逆らって、3切れ5切れ　　まぐろの刺身
- 098　酢締め ≡ 塩5%で20〜40分　　さばの酢締め
- 100　ポン酢カルパッチョ　　あぶりまぐろとアボカド
- 101　にんにくカルパッチョ　　鯛のカルパッチョ

102 レシピいらず!の 和える ルール
- 104　ごま和え ≡ 3:1:1　　ブロッコリーのごま和え
- 105　おかか和え ≡ オール1　　さやいんげんのおかか和え
- 106　白和え ≡ オール1　　にんじんとほうれんそうの白和え
- 108　塩ゆでおひたし ≡ 1ℓに塩小さじ2　　ほうれんそうのおひたし
- 110　揚げびたし ≡ オール1　　いろいろ野菜の揚げびたし
- 112　すし酢の合わせ酢 ≡ 2:1+氷　　春菊としめじ、かにかまの酢の物
- 113　土佐酢 ≡ 1:2:4　　きゅうりとわかめの土佐酢和え
- 114　甘酢 ≡ 1:1　　紅白なます
- 115　すし酢ピクルス ≡ 1:1　　ピクルス
- 116　ごまドレッシング ≡ 1:1:1　　キャベツときゅうりのサラダ
- 118　わさびドレッシング ≡ オール1　　きゅうりとちくわのサラダ
- 119　ツナドレッシング ≡ 1:1+1缶　　大根とにんじんのツナサラダ

120 レシピいらず！の ご飯, 麺, 汁もの ルール

- 122 おにぎり ▬ 110gで1g　塩むすび
- 124 焼きおにぎり ▬ 弱火で13分　焼きおにぎり
- 125 　　　ライスバーガー
- 126 炊き込みご飯 ▬ 2合で2:1:1　あさりとごぼうの炊き込みご飯
- 128 　　　鯛とねぎの炊き込みご飯
- 130 酢飯 ▬ 2合で2:2:3　ゆず風味のいなりずし
- 132 　　　あじのちらしずし
- 133 づけ丼 ▬ 2:2:3　まぐろのづけ丼
- 134 丼 ▬ さしみ同量と砂糖半分　水3倍　牛丼
- 135 オムライス ▬ ライスはオール1　オムライス
- 136 スパイシーカレー ▬ 市販のルウ+5種のスパイス　牛すじごぼうカレー
- 138 　　　圧力鍋3分カレー
- 140 関東風そばつゆ ▬ 5:1:1　×4ざるそば
- 141 　　　×8汁そば
- 142 うどんつゆ ▬ カップ4でオール1　すだちうどん
- 　　　しょうがあんかけうどん
- 144 みそ汁1人分 ▬ だしカップ1＋野菜片手分＋みそ大さじ1
- すまし汁1人分 ▬ だしカップ1＋粗塩小さじ¼＋しょうゆポトリ

- 129 *Column*　基本をあらためておさらい　ご飯の炊き方／だしのとり方

- 139 *Column*　和食と薬味

- 146 調味料にはこだわって
- 148 調理道具を味方に
- 150 和食とお酒
- 152 和食とおもてなし
- 154 おわりに
- 156 食材別さくいん

「一汁二菜」から始めよう

ご飯＋汁もの＋主菜＋副菜で十分満足できる

　和食の献立は、米を中心に考えられています。ご飯のまわりにおかずや漬物があり、そこに汁ものが加わる。それらをめいめいのお膳にのせて「一汁三菜」という、一人一人が炭水化物、たんぱく質、野菜などをバランスよく摂取できるシステムを作ったのです。こちら、平安時代にはほぼ完成していたというのだから、日本のご先祖さま、大昔から洗練されています。

　一方で、現代の忙しい方に「ちゃんとご飯を炊こう、みそ汁を作ろう、おかずを2品作ろう」というのは、ハードルが高すぎるなと思います。ムリをして4品作るよりは、まずは体にとって大切な、たんぱく質を補うための肉・魚の主菜と、野菜を摂るための副菜とみそ汁の「一汁二菜」から作ってみればよいのではないかな、と思います。

　「主菜」選びは、選択肢を減らしていくことがポイントです。例えば私の場合は「昨日お肉だったから今日は魚、今日は魚だから、明日は肉」と交互に選びます。そうして決めたらスーパーに行って肉や魚の種類を決め、そして「焼く」「煮る」「揚げる」などの調理法から考えていくのです。

　ちなみに、こちらの本は、まず大切な「主菜」を先に選んでいただけるよう、最初のパートでご紹介しています。主菜を選んだら、あとは「煮る」「炒める」「和える」などから野菜料理の副菜を1品、選びましょう。もし余裕があれば、2品作ってもよいのです。具体的な献立例はP156〜159を参考にしてみてください。

　五色、五味、そして七法（P12参照）を組み合わせて、いろいろな献立を楽しみましょう。

手際よく
作るには

「想像力と段取り」がすべてです

　「どうやったら料理を手際よく作れますか?」と聞かれたら、私はいつも「想像力と段取りです」と答えています。想像力とは、「今日は何をするべきか、頭の中に絵を描く」ということ。例えば今日の夕飯は、体が疲れているみたいだから、魚の塩焼きと野菜たっぷりの煮物を作ろうと頭に描いてからスーパーに入るということです。何の想像もなくスーパーに入ると、ずらりと並んだおいしそうな食べものから「ねーさん、こっち、食べない?」と次々に誘惑され、最後は自分が何を作りたかったのかわからなくなってしまいます。ある意味、料理は人生と同じ。常に「こうしたい」と想像することが、すべてを動かすパワーとなるのです。

　段取りもとても大切です。作るものが決まったからとせっかちに台所に立ってしまうと、「何を最初にやって、何を最後にすべきか」がわからなくなってしまいます。手当たりしだいに、目に見える材料を切ったり煮たりしていったのでは、調理時間が余分にかかってしまいます。例えば、夕飯は「鶏のから揚げときゅうりとわかめの酢のものと、昨日のお刺身の残りで鯛飯とみそ汁にしよう」と考えたとします。慣れていない人は献立とその段取りを紙に書いてみましょう。「1 お米をといで鯛飯を作る。2 みそ汁を作って、揚げ油を温める。3 揚げ物にとりかかる。4 最後に酢のものを作る」みたいなリストです。リストができたら、材料を出して作業に入ります。時間の計算を先にして動き、常にどんどん片づけていけば、料理ができ上がったときにはキッチンもきれいになっています。

　想像をするからこそ、何か新しいものが生まれます。頭の中でできないことが、現実の世界ならばできるということはありません。Imagination is the source of creativity なのです。

この本の使い方

誰でもおいしい和食が作れる
「塩かげん」「火かげん」「調理時間」のルール

　和食を作るための調理法のベースは「焼く、煮る、揚げる、蒸す、生（切る）」という五法となります。ここに現代的な調理法「炒める」「和える（サラダを含む）」という二法、さらに「ご飯や麺類、汁ものの作り方」を加えたのがこちらの本の章立てとなっています。

　なぜ食材ではなく調理法をこの本の基本にしているかというと、調理法から考えたほうが、献立を決めるのが楽になるからです。まずは肉や魚の主菜を決める（食材と調理法を決める）と、そのバランスで副菜も決まってくる、という考え方です。

　例えば一尾のあじを手にしたとします。焼こうか、揚げようか、生で酢締めにしようかとまずは調理法から選び、「今日は塩焼きにしよう」と決める。そして五色や五味を考え、地味なあじのグレーに彩りを添えよう、酸味のあるものがほしいな……と、酢のものを合わせる献立を思いつくことができます。一方、「あじ」という食材名をネットで検索すると、無限にレシピがあらわれ、私たちは選択肢の嵐に巻き込まれてしまいます。何事もそうですが、大きな枠組みから考えることが大切です。料理という世界での大枠は、上記の7つの調理法なのです。

　それぞれの調理法において、さらに重要なポイントが3つあります。それは「塩かげん」「火かげん」「調理時間」です。例えば塩かげんは、あえて「塩少々」とはせず、「肉は重さの1％、魚は重さの2％」と明確にしました。これは長年調理をしてきたなかで、「味が決まる」と感じた私の経験値です。このように大切なところをはっきりさせることが、本を買ってくださったみなさんへの誠意だと思って、なるだけ正確に再現できるルールを作りました。これらをもとに、最終的にはみなさんの家庭にぴったりのルールを作っていってくださいね。

「例」　塩焼き ＝ 切り身2％

肉のから揚げ ＝ オール1

ステーキ ＝ 強火2分

魚の塩焼きはシンプルな調理法だけに、味が決まるかどうかはまさに塩かげん次第。100gの切り身に対して2％、つまり2g（小さじ⅖）、というのを目安に覚えれば簡単です。どんな魚にも応用できる万能ルールです。また、いろいろなレシピのある肉のから揚げは、ナンプラー大さじ1、酒大さじ1、おろししょうが大さじ1、おろしにんにく小さじ1、の「1」で統一されたオール1の配合がおすすめ。衣がサクサクに仕上がるレシピです。そして、火の通りかげんが難しいステーキは、強火で2分、両面に焦げ目がつくまで焼くことが絶対ルール。日本で売られている厚切り肉の平均は1.5cmほどです。室温に戻した肉は、熱々のフライパンで両面1分ずつ焼けば、レアに仕上がります。ミディアムやウェルダンはこの調理時間を基本に調整すればよいのです。

塩の目安について

この本のルールでは、基本は粗塩を使い、塩の分量を％やgで表記しています。小さじや大さじでも補足していますが、こちらで比率を一覧にしました。おおよその目安としてください。

1g=小さじ⅕　3g=小さじ½強　5g=小さじ1　10g=小さじ2

調理時間「13分マジック」について

私はレシピを作るにあたり、調理時間を1分単位で細かくはかっているのですが、魚の塩焼き、魚の揚げもの、ハンバーグ、茶碗蒸しなど、みんな13分でした。私は「13分マジック」と呼んでいますが、覚えやすい目安としてぜひ活用してみてください。

料理のアレンジについて

同じルールでできる食材の例をなるべくたくさん入れました。例えば、「七ちゃんだし」では肉じゃがを紹介していますが、同じ七ちゃんだしでおいしく作れる肉料理も紹介しています。ぜひ食材を替えて、さまざまなバリエーションを楽しんでください。

和食と健康

バランスよく食べるための方法論とは

　日本は、水がおいしい国です。たくさんの山に囲まれ、湧き水に恵まれ、水をきれいに保ちたいという高い志を持つ人が多い。だから水道水をそのまま飲み、また料理に使うことができます。私はこのおいしい水が和食の健康的な調理法、「煮る」「蒸す」につながっているのではないかと思います。おいしい水と新鮮な食材があれば、実は余分な油や時間をかけてとっただしなど必要ないのです。また、魚をたくさん食べ、さまざまな発酵食品を摂り、腹八分目という意識を持つ……これらのことにより、日本人の平均寿命は世界でトップになることができました。

　とはいえ、「毎日何をどれだけ食べたらいいのか」という肝心なところはわかりにくい。そこで私は友人や子どもたちに、「1日＝小さなげんこつ4：3：3：2：1」という言葉を伝えています。1日の摂取量として、ご飯はげんこつ4つ分、ゆでた野菜が3つ分、卵や納豆、豆腐や魚、肉などのたんぱく質類が合わせて3つ分、ヨーグルトと牛乳1杯ずつで2つ分、あとはフルーツ1個分くらいがちょうどいい、ということです。げんこつ3つ分のゆでた野菜というのは、生野菜にしたら両手いっぱいの量（約350g）にもなります。実はこれだけの量は、生野菜ではなかなか摂ることができないので、わが家では朝から野菜たっぷりのみそ汁やすまし汁を作って、食のバランスを考えています。

　バランスよく食べる方法論を学んで、健康的に年を重ねていけたらすてきです。ヘルシーな和食は、日本の風土のもとに作り出されたもの。簡単に手放してはいけない、私たちの文化なのです。

焼く

料理において一番シンプルな調理法、それが「焼く」です。
焼くときに大切なのは、塩かげん。
「魚は2％、肉は1％」と覚えておきましょう。
あとは「火かげん」「焼き時間」をマスターすれば、
みなさんも焼き名人です。

レシピいらず！の焼くルール

塩焼き ＝ 切り身2％　一尾2.2％

切り身は100gに対して粗塩2g（小さじ⅔）、
尾頭つきの一尾は150gに対して粗塩3g（小さじ½強）

幽庵焼き ＝ さみし1：1：1

酒、みりん、しょうゆをすべて同量で合わせ、かんきつ類を加えたたれ

みそ幽庵焼き ＝ たれ3：みそ1

幽庵だれ3に対して、白みそ（または麦みそ）1を合わせたたれ

バター焼き ＝ ごく弱火でかけ焼き

家庭のコンロでは、ごくごく弱火でバターをかけながらじっくり焼く

照り焼き ＝ 2：1：1：1　弱火仕上げ

みりん2に対して、酒、しょうゆ、砂糖はすべて1で合わせ、
半量に煮つめたたれ。焦げやすいのでごくごく弱火で焼く

みそ焼き　田楽みそ ＝ 4：2：2：1

みそ4に対して、砂糖とみりん2、卵黄1を合わせたたれ

しょうが焼き ＝ さみしさ同量＋α

酒、みりん、しょうゆ、砂糖を同量合わせ、おろししょうがを
加えたもの。トマトケチャップ、豆板醤を加えるアレンジも

ステーキ ＝ 塩1.4％で強火2分

100gの肉なら小さじ⅓、200gの肉なら小さじ½の粗塩を。
室温に戻した肉は、熱々のフライパンで両面1分ずつ焼くとレアに

焼肉 ＝ オール2だれ

肉をつけ込むたれ。砂糖、酒、すりおろしりんご各大さじ2、
ごま油、はちみつ、すりごま、おろししょうが各小さじ2、
しょうゆカップ½、粗塩、おろしにんにく各小さじ½

ハンバーグ ＝ 牛2：豚1　13分

牛ひき肉2：豚ひき肉1で混ぜて旨みアップ。塩かげんは1％。
300gのひき肉なら、粗塩は3g（小さじ½強）。焼く時間は13分

本格ハンバーグ ＝ 肉をたたいて塩1％

ハラミなど焼肉用の肉をたたいたものを混ぜると
本格的な味わいに。塩かげんは1％が目安

肉のロースト ＝ 肉の2％　120度

室温に戻した肉は2％の粗塩を塗り（500gの肉で約小さじ2）、
120度のオーブンで焼く。500gで60分、100gごとに5分ほど増やす

塩焼き = 切り身 2%／一尾 2.2%

日本に生まれて幸せなことは、魚が豊富なことです。
旬の魚を塩焼きにさえすれば、あとはみそ汁とご飯と野菜があればいい。
塩焼きの材料は魚と塩だけですから、塩だけは少しこだわって、
にがりを含む粗塩（天然塩、自然塩）をぜひ使ってみてください。
沖縄のシママース、赤穂の塩、海の精あらしお、伯方の塩、男鹿半島の塩のほか、
海外ではフランスのカマルグやイギリスのマルドンなどもおすすめです。
塩焼きをおいしく作れるかどうかは、塩の量が決め手となります。
切り身ならば、重さに対して2%、丸ごとの魚ならば、重さの2.2%が目安です。
粗塩小さじ1は約5gなので、切り身の場合は100gに対して、粗塩2g（小さじ2/5）、
尾頭つきの一尾は150gに対して、粗塩3g（小さじ3/5＝1/2強）が目安となります。
ふり塩をしたらしっかり時間をおき、塩をなじませることも大切です。
目安は最低15分、できれば30分、と覚えておきましょう。
盛りつけたときに上になるほうから焼くといいますが、何度もひっくり返すより、
グリルから出すときにトングでうつわにすーっとずらしてのせたほうが美しく仕上がるので、
私は最後に表側を仕上げとして焼き上げます。
焼き時間は、片面・上火の魚焼きグリルで切り身ならば7〜8分、
丸ごとならば12〜13分が目安です（両面グリルはこの6〜7割の時間で）。
魚は「遠めの強火」といいますが、これは炭火焼きなどの話。
家庭のグリルでは、常に弱火から中火で十分です。
奥側、両脇のほうが高温になるので、一尾ならば焦げやすい尾は手前に、
頭は奥に入れましょう。また、水はごくわずか、大さじ3ほどで十分。
入れすぎるとパリッと仕上がらないし、焼いている間に蒸発するので掃除も楽です。

魚は旬のものが一番おいしい。春ならば鯛、さわら、めばる、ほうぼう、かれい。
夏は鮎、あじ、えぼ鯛、すずき、かます、太刀魚、舌びらめ。
秋からはかじき、鮭、さんま、さば、いわし、さわら、はまち。
冬ならばぶり、ほっけ、ひらめ、金目鯛、たら、甘鯛などがおすすめです。

鯛の塩焼き

・・・材料（2人分）・・・

鯛の切り身・2切れ（1切れ約130g）
粗塩・小さじ1
すだちまたはレモン・適宜

1 バットに塩の½量をふり、鯛の皮目を下にして置き、しっかりと塩をつける。残りの塩は身のほうにふり、そのまま室温で30分ほどおく。
2 魚焼きグリルは強火で温め、魚を入れる前に中火より少し弱い火かげんにする。片面・上火グリルで、表側4分、裏側3分を目安に焼く（両面グリルならば、この6〜7割）。
3 うつわに盛り、好みですだちを添える。

幽庵焼き

二 さみし 1:1:1

幽庵焼きとは**酒、みりん、しょうゆを1:1:1の割合で合わせ、
ゆずやかぼすの輪切りを加えた合わせだれ。**
割烹や料亭でも出される品のある味わいですが、
すだちやレモンなどでもおいしい幽庵だれを作ることができるので、
ぜひお試しいただきたいと思います。
幽庵焼きに合う魚は鮭、さわら、太刀魚、ぶり、かじき、まながつお、
さば、たら、かんぱち、金目鯛など。
また魚だけでなく、淡白な鶏肉もよく合います。
食べるときに粉山椒などをかけると、さらに上品な味わいになります。
幽庵焼きは焦げやすいので、**ごくごく弱火の魚焼きグリルで、
切り身なら7〜8分、じっくり焼き上げます。**

生鮭の幽庵焼き

・・・材料（2人分）・・・

生鮭の切り身・2切れ（1切れ約130g）
幽庵だれ
　酒、みりん、しょうゆ・各大さじ3
　ゆずまたはレモンの輪切り・3枚
はじかみしょうが・適宜

1 幽庵だれを作る。耐熱容器に酒とみりんを合わせ、電子レンジで1分加熱してアルコール分をとばす。バットに入れ、しょうゆ、ゆずの輪切りを加えて混ぜ合わせる。
2 幽庵だれに生鮭を入れ、40分以上つける。
3 生鮭の汁けをきって焼く。片面・上火の魚焼きグリルで焼くときは、強火で温めたグリルを弱火にして、表側5分、裏側3分が目安（両面グリルならば、この6〜7割）。
4 うつわに盛り、あればはじかみしょうがを添える。

memo：フライパンで焼くときは、弱火で表側3分、裏側1分が目安。

みそ幽庵焼き

＝ たれ3：みそ1

幽庵だれ3に対して、白みそ（または麦みそ）1を合わせて作ると、こくのあるみそ幽庵だれができます。
白みそがない場合は、合わせみそと砂糖を同量加えます。
幽庵焼きに合う魚と相性がいいほか、鶏肉、豚肉そして牛肉にもよく合います。
ピノ・ノワールのような酸味を感じる赤ワインにも合う魚料理となります。

鯛のみそ幽庵焼き

・・・材料（2人分）・・・

鯛の切り身・2切れ（1切れ約130g）
みそ幽庵だれ
　酒、みりん、しょうゆ・各大さじ3
　白みそ（※）・大さじ1
　ゆずまたはレモンの輪切り・3枚

※白みその代わりに合わせみそを使う場合は、みそと同量の砂糖を加えるとよい。

1 みそ幽庵だれを作る。耐熱容器に酒とみりんを合わせ、電子レンジで1分加熱してアルコール分をとばす。バットに入れてしょうゆ、白みそ、ゆずの輪切りを加え、混ぜ合わせる。
2 1のたれに鯛を入れ、40分以上つける。
3 鯛の汁けをきって焼く（焼き方は20ページの生鮭の幽庵焼きと同じ）。途中でたれをはけでつけながら焼くと、さらに香ばしく仕上がる。

memo：魚の身が厚いときは、焼き時間を増やして調整を。

バター焼き

二 ごく弱火でかけ焼き

バター焼きは、フライパンで簡単にできるすばらしき調理法です。
バターはカロリーが高いから、値段も高いからと避けてしまいがちですが、
素材の旨みを引き出す調理法なので、ぜひマスターしましょう。
炒めものをするときは、強火がよいと思いがちですが、
それはプロのように厚手のフライパンを使っている場合。
家庭のコンロで、フッ素樹脂加工のフライパンで調理をするならば、
ちょっと条件が変わってきます。実は、強火でさっと焼き目をつけるより、
ごくごく弱火でじっくり焼いたほうが、帆立て貝柱でもかきでも、身がふっくらと焼き上がるのです。
大切なポイントは、強火でフライパンを温めておくこと。バター（魚1切れに対して大さじ1が目安）を
加えて、溶けたらごくごく弱火にしてから食材を入れます。
そしてスプーンでバターをかけながらじっくり焼き上げます。この「かけ焼き」が大切なのです。
薄いものならば両面で3〜4分、皮つきのサーモンなどは、
皮目を8割ほど焼いて仕上げるというイメージです。
焼き時間は、**魚ならば皮目4分、身側は1〜2分が目安**。
いかやたこならば30秒ほど、あっという間です。
バター焼きには、ひらめ、かれい、かき、鮎、すずきに鯛、むつ、白子も合います。
魚には、あらかじめ重さに対して2％程度の粗塩（約130gで小さじ½が目安）をふって
15〜30分おくと、きちんと味がしみ込みます。
バター焼きのときは、盛りつけたときに表になるほうから焼くのがポイントです。
薄力粉だけで焼いてもおいしいですが、片栗粉を混ぜると表面がパリッと仕上がります。
お好みで最後にしょうゆを回しかけ、レモンを絞れば、これはもう、幸せです。

さわらのバター焼き

・・・材料（2人分）・・・

さわらの切り身・2切れ（1切れ約130g）
粗塩・小さじ1
薄力粉・大さじ2
片栗粉・大さじ2
こしょう・適量
バター・30g
青じそ・適量
しょうゆ、レモン・各適宜

1 さわらは両面に粗塩をふり、15分ほどおく。キッチンペーパーで表面の水けをふき、こしょうをふる。
2 薄力粉と片栗粉を混ぜ合わせ、焼く直前に魚にまぶす。
3 フライパンを強火で熱し、十分に温まったらバターを入れる。弱火にして魚を皮目から入れ、バターをスプーンでかけながら2〜3分焼く。返してさらに1分焼く。
4 うつわに盛り、青じそのせん切りをのせる。好みでしょうゆ、レモンをかける。

memo：さわらは身が柔らかく、くずれやすいですが、味には何の問題もありません。

照り焼き

＝ 2：1：1：1 弱火仕上げ

照り焼きは誰もが大好きな一品です。
お弁当にもぴったりで、魚だけでなく肉にも活用できる万能選手。
レシピもいろいろあるので、どう作ったらよいか、きっと迷うことでしょう。
そこで、私の"ベスト照り焼きレシピ"をご紹介します。
それは、みりんが多めの照り焼きだれを煮つめて作るタイプです。
煮つめずにつけ込む方法もありますが、いろいろ試した結果、
私はやっぱり煮つめたほうが風味がよいと思いました。
たれの割合は「みりん2：酒1：しょうゆ1：砂糖1」。こちらを半量に、
とろっとするまで煮つめて作ります（甘めの味が好きな方は砂糖の割合を2に）。
多めに作って冷蔵庫に保存することもできます。
照り焼きは焦げやすいので、ごくごく弱火の魚焼きグリルで、じっくり焼き上げます。
身が厚い魚のときは焼き時間を増やし、
ホイルをかけるなどの工夫をしてみてください。
照り焼きといえばぶりが代表的ですが、まぐろ、かつお、鮭、わらさ、銀むつ、かます、
かんぱち、まながつお、鯛などもおいしいですよ。
肉ならば、鶏肉、豚肉、肉だんごなどもおすすめ。
焼き鳥のたれとしても最適です。
ぜひこの煮つめるタイプのたれを作ってみてください。

ぶりの照り焼き

・・・材料（2人分）・・・

ぶりの切り身・2切れ（1切れ約130g）
粗塩・小さじ⅓
照り焼きだれ
　みりん・大さじ4
　酒、しょうゆ、砂糖・各大さじ2
はじかみしょうが・適宜

1　鍋に照り焼きだれの材料を入れる。中火で3〜4分、半量になるまで煮つめる。
2　ぶりは両面に粗塩をふって10分ほどおき、キッチンペーパーで表面の水けをふく。
3　ぶりを照り焼きだれに20分以上つける。
4　魚焼きグリルは強火で温め、焼く直前にごくごく弱火にする。ぶりの汁けをきって入れ、片面・上火グリルならば表側4分、裏側3分を目安にじっくりと火を入れる（両面グリルならば、この6〜7割）。
5　うつわに盛り、あればはじかみしょうがを添える。

memo：フライパンで作る場合は、プロセス4まで同様につくった後、フライパンを熱して油少量（小さじ½程度）をなじませ、魚を入れる。ごくごく弱火で両面を2分ずつ焼き、最後の1分でたれをかけ、フライパンをゆすりながら全体にからめる。

肉の場合も魚の照り焼きだれと同様に、「**みりん2：酒1：しょうゆ1：砂糖1**」を煮つめて作ります。
魚の場合は、グリルで焼くと焦げやすいので半量に煮つめる程度でよいのですが、
**肉のときは、甘みを出すために⅓量くらいまで
煮つめます**（大さじ5が大さじ2くらいになるのが目安）。
この照り焼きだれは、素揚げした手羽肉や豚ばら肉をからめてもおいしい。
また、鶏のレバーなどギリギリの火入れをしたいものをこのたれでさっと煮たり、
焼いた豚肉や牛肉につけてもおいしいですよ。

手羽先の照り焼き

・・・材料（2人分）・・・

手羽先・8本
粗塩・小さじ½
照り焼きだれ
　みりん・大さじ4
　酒、しょうゆ、砂糖・各大さじ2
いり白ごま・適宜

1　手羽先はボウルに入れて塩を加え、よくもみ込んで、全体にうっすらと塩味をつける。
2　鍋に照り焼きだれの材料を合わせて火にかけ、⅓量になるまで煮つめる。
3　手羽先をグリルで焼く。片面・上火グリルの場合は、弱火で表側4〜5分、裏側3〜4分が目安（両面グリルならば、この6〜7割）。焼き上がったらグリルから取り出し、2のたれをからめる。
4　肉の汁けをきり、仕上げにもう一度、1分ほど焼く。好みでごまをふる。

鶏ももの照り焼き

・・・材料（2人分）・・・

鶏もも肉・1枚（300g）
照り焼きだれ
　みりん・大さじ2
　酒、しょうゆ、砂糖・各大さじ1
粉山椒・適宜

1 フライパンを中火で熱し、鶏肉を皮目を下にして入れる。肉にアルミホイルをのせ、その上に小さい鍋などを重しとしてのせる。弱火にして皮がきつね色になるまで12分ほど焼く。
2 肉をいったん取り出し、フライパンに残った脂をふき取る。照り焼きだれの材料を入れ、中火で煮つめる。半量になったら肉の身側を下にして入れ、ごくごく弱火で3分ほど、スプーンでたれを皮面にかけながら煮る（⅓量くらいになればOK）。
3 粗熱がとれたら、食べやすい大きさに切ってうつわに盛りつける。上からたれ少々をかけ、好みで粉山椒をふる。

みそ焼き

田楽みそ ＝ 4:2:2:1

みそが大好きなので、田楽みそも大好きです。
わが家の比率は、「みそ4、砂糖2、みりん2、卵黄1個分」。
ここにお好みで粉山椒や赤唐辛子、黒七味唐辛子などを加えると、
また別格の味わいになります。
豆腐はもちろん、なす、しいたけ、ねぎ、それに鶏肉、えび、さわら、帆立て貝柱、
大根やじゃがいも、ご飯やおにぎりにのせても最高においしいです。

豚のみそ焼き

・・・材料（4人分／作りやすい分量）・・・

豚肩ロースかたまり肉・500g
粗塩・大さじ1
砂糖・大さじ1
田楽みそ
　みそ（好みのもの※）・大さじ4
　砂糖・大さじ2
　みりん・大さじ2
　卵黄・1個分
　粉山椒・小さじ1
　すり白ごま・小さじ1
　ごま油・小さじ½
※白みそを使う場合は砂糖を大さじ1にする。

1　鍋に豚肉を入れ、かぶるくらいの水を加える。強火にかけ、沸騰したらアクを取り、弱火にして2時間ほどゆでる。途中で水分が減ったら、水を足す（圧力鍋を使う場合は、圧力がかかってから弱火で約30分煮る）。
2　肉が柔らかくなったら粗塩と砂糖を加える。火を止めてそのまま冷ます。
3　オーブンを220度に予熱する。田楽みその材料すべてを混ぜ合わせる。
4　肉の水けをふき取り、2cm厚さに切る。田楽みそをたっぷりのせる。
5　オーブンの天板にアルミホイルを敷いて肉を並べる。220度のオーブンで10分ほど、おいしそうな焼き色がつくまで焼く。

二 さみしさ同量＋α

しょうが焼き

絶品のしょうが焼きだれをご紹介します。
通常は酒、みりん、しょうゆ、砂糖、しょうが同量のたれに豚肉をつけ込んで作りますが、さらにトマトケチャップや豆板醬を入れてみたところ、とてもおいしい。
クセになるしょうが焼きのたれができ上がりました。
私が好きな豚肉の部位は肩ロースとロースの薄切り。
また、豚ばらを4mm幅に切って、
さっとゆでたものもおすすめです。
たれにはコチュジャンを入れてもおいしいですよ。

豚のしょうが焼き

材料（2～3人分）

豚薄切り肉（しょうが焼き用など）・300g
しょうが焼きだれ
　酒、みりん、しょうゆ、砂糖・各大さじ2
　おろししょうが・大さじ2
A　トマトケチャップ・小さじ2
　豆板醬・小さじ¼
ごま油・大さじ2
サラダ菜・適量

1　バットにしょうが焼きだれとAを入れ、混ぜ合わせる。豚肉を入れてからめ、10分ほどつける。
2　フライパンを強火で熱し、中火に落としてごま油をなじませる。1の汁けをきって入れ、両面をさっと焼く。仕上げにバットに残ったたれを加え、全体にからめる。
3　うつわにサラダ菜を敷き、2を盛りつける。

焼く

ステーキ

二 塩1.4％で強火2分

ステーキが大好きです。

あまりにも好きで、東京・新橋に「FOOD/DAYS」というステーキ店を始めたほど。

だから、ステーキの焼き方にはこだわりがあります。

ステーキを焼くときに大切なことは、肉を室温に戻すこと、塩かげん、

そして焼き時間、の3つです。

塩は焼いているうちに落ちてしまうので、通常に焼くならば、

肉の重さに対して塩は1%ですが、ステーキの場合は**粗塩1.4%が目安**です。

100gの肉は小さじ$\frac{1}{3}$、200gの肉は小さじ$\frac{1}{2}$が目安となります。

ステーキに合う肉にもいろいろあって、脂多めがお好みならばサーロインやランプ、

肩ロースにリブロース、その次にミスジ、トモサンカクなど。

脂少なめがお好みならばヒレやイチボ、ももなどがあります。

また、アメリカンビーフも赤身のおいしさが味わえるので、心からおすすめできます。

おすすめの部位はリブアイです。

日本で売っているステーキ肉は1.5cm厚さくらいがほとんど。

この場合は、**焼く15分ほど前から室温に戻しておきます。**

直前に塩をふり、熱々のフライパンにオリーブオイルとバターを入れて両面を1分ずつ焼きます。

そして、スプーンで油を肉にかけながら焼き上げます。あとはお好みでかげんを。

レアなら弱火にして両面で1分、ミディアムなら両面で2分、

ウェルダンならばさらに1分焼きます。

ぜひ赤ワインやハイボールといっしょにどうぞ。

2分ステーキ

・・・材料（2人分）・・・

牛ステーキ肉・2枚（1枚約150g）
粗塩・小さじ$\frac{1}{2}$
オリーブオイル・小さじ1
バター・20g
黒こしょう・適量
おろしわさび、おろししょうが、練りがらし・各適宜

1 牛肉は焼く15分前に冷蔵庫から出して室温に戻し、粗塩をふる。
2 フライパンは少し煙が出るくらい熱々に熱して、オリーブオイルとバター、肉を入れる。スプーンでオイルとバターの泡を肉にかけながら表面に焦げ目をつけ、まずは強火で両面を1分ずつ焼く。
3 火を弱め、柔らかい熱で火を通して仕上げる。目安としては両面を1分ずつ焼く。
4 うつわに盛り、黒こしょうをふる。好みでわさび、しょうが、からしを添える。

焼く

焼肉 = オール2だれ

こちらはすべて2がつく数字でまとめた焼肉だれです。
かなり本格的な味わいで、おいしい焼肉店の味に近づけるかと思います。
「砂糖、酒、りんごのすりおろし各大さじ2、ごま油、はちみつ、すり白ごま、
おろししょうが各小さじ2、それにしょうゆカップ½とおろしにんにく、
粗塩各小さじ½」が配合の目安です。
ちなみに、なぜ私が数字にこだわるかというと、
実際にレシピを見ながら料理をしているとき、
カップ⅓とか大さじ4とか違う数が交ざると、何をどれだけ入れるか、
ひとつひとつ確認する時間がムダにかかってしまうからです。
調味料を出すときに、「これは大さじ2のグループ」「これは小さじ2のグループ」と
まとめておけば、料理をするスピードが格段に速くなります。
牛肉もおいしいですが、ラム肩ロース肉、鶏肉、豚ばら肉、豚肩ロース肉、
スペアリブなどもおすすめですよ。
お肉をたくさんいただくときは、野菜もたっぷりどうぞ。
サンチュはもちろん、サニーレタス、青じそ、えごまの葉、
クレソンにねぎの細切りやキムチと食べてもおいしいです。

焼肉

・・・材料（3〜4人分／作りやすい分量）・・・

好みの焼肉用の肉（肩ロース、ハラミ、カルビなど）
・600〜700g
オール2だれ
砂糖、酒、りんごのすりおろし・各大さじ2
ごま油、はちみつ、すり白ごま、おろししょうが
・各小さじ2
しょうゆ・カップ½
おろしにんにく、粗塩・各小さじ½
つけだれ
コチュジャン・大さじ4
砂糖、酢・各大さじ2
サラダ菜・適量

1 ボウルにオール2だれの材料を混ぜ合わせ、肉をつける（長くつけ込まないでよい）。
2 つけだれの材料は混ぜ合わせる。
3 ホットプレートや魚焼きグリル、焼き網、フライパンなどを熱し、強火で肉を焼く。うつわにサラダ菜を添え、つけだれをつけて食べる。

memo：焼き具合は、牛肉やラム肉は強火でさっと、鶏肉と豚肉は中火でじっくり焼く。

ハンバーグ

二 牛2：豚1
13分

このハンバーグは、私の母、よし子の味です。
いつ作ってもこれ以上おいしいハンバーグはないなあと思います。
その母の味を忠実に再現したのがこちらのレシピです。
実はこのハンバーグ、日本人にとって国民的肉料理ともいえる存在なのに、
調理に失敗することが多いメニューのひとつでもあります。
なぜかというと、それはずばり、塩かげんと、
焼き時間が定まらないからだと思います。
まずは塩ですが、魚は重さに対して2%の塩味がよい塩梅ですが、
肉の場合は1%が目安です。
300gのひき肉ならば、粗塩3gを加えればよいということになります。
このハンバーグのようにソースをかけるときは塩分を控えめにするとよい塩梅となります。
焼き時間はステーキと違って、ギリギリまで火を入れたいもの。
おすすめは「13分マジック」を活用することです（P13）。
手に収まる大きさ（150g程度）のハンバーグの表面に強火で焼き色をつけたら返し、
ごくごく弱火で13分焼きます。長すぎるように思えますが、
「弱火13分仕上げ」が、ふっくらおいしいハンバーグの決め手となるのです。
また、スーパーで売っている合いびき肉の比率は牛7：豚3が多いのですが、
牛ひき肉、豚ひき肉を別々に買って、
牛2：豚1で合わせたほうが肉の旨みが味わえておいしい。
小さな工夫が大きい効果をもたらします。ぜひ試してみてください。

13分ハンバーグ

・・・材料（2人分）・・・

牛ひき肉・200g
豚ひき肉・100g
玉ねぎ・½個（約100g）
A
　粗塩・小さじ½
　卵・1個
　パン粉・カップ½
　ナツメグ、黒こしょう・各少々
オリーブオイル・小さじ½
ソース
　赤ワイン・カップ½
　中濃ソース、トマトケチャップ・各大さじ2
さやいんげん・適宜

1 玉ねぎはみじん切りにしてラップで包み、電子レンジで2分加熱して甘みを出す。
2 ボウルに1の玉ねぎと冷蔵庫から出したばかりの牛・豚のひき肉を入れ、Aを加えて、全体を100回くらい練る。
3 ハンバーグだねを2等分し、空気を抜きながら1.5cm厚さの楕円形にまとめる。バットにのせてラップをし、冷蔵庫で10分以上冷やして、焼いたときに肉汁がたれるのを防ぐ。
4 フライパンを熱してオリーブオイルをなじませ、3をそっと入れる。中火で1〜2分、焼き色がついたら返す。ふたをして、ごくごく弱火で13分焼く。
5 ハンバーグのまわりに水分が出ていればキッチンペーパーでふき取り、ソースの材料を加える。ハンバーグにからめながら中火で1分ほど煮つめる。
6 ハンバーグをうつわに盛り、フライパンに残ったソースを茶こしを通してかける。好みで塩ゆでしたいんげんなどを添える。

本格ハンバーグ

＝

肉をたたいて塩1％

こちらはレストラン「FOOD／DAYS」で出しているハンバーグレシピです。
母から受け継いだわが家の定番とは違う、
肉の旨みたっぷりの本格的なハンバーグです。
肉に混ぜ込む玉ねぎを少なめにし、
赤身の肉（ハラミやももなど）をたたいて合わせ、オーブンで焼き上げます。
フライパンで焼くだけでなくオーブンで仕上げることで、
よりふっくらと肉汁があふれるレストラン風の仕上がりになります。
オーブンに入れられるフライパンを持っていれば、耐熱皿に移す必要はありません。
肉の旨みを味わいたいので、そのままこしょうをふるか、
あっさりとおろし大根だけで。赤ワインにも白ワインにも合います。

本格ハンバーグ

・・・材料（4人分／作りやすい分量）・・・

牛肉（ハラミ、ももなどの赤身）・150g
牛ひき肉・250g
豚ひき肉・250g
玉ねぎ・½個（約100g）
A｜ 粗塩・小さじ1¼（全体の1％）
　｜ 卵・1個
　｜ パン粉・カップ1
　｜ 牛乳・大さじ1½
　｜ ナツメグ・小さじ½
　｜ 黒こしょう・少々
オリーブオイル・小さじ1
おろし大根、ポン酢・各適宜
ブロッコリー・適宜

1 玉ねぎはみじん切りにしてラップで包み、電子レンジで2分加熱して甘みを出す。
2 牛肉は包丁でたたいて、粗いひき肉状にする。
3 ボウルに玉ねぎ、2の肉、牛・豚のひき肉を入れ、Aを加えて全体を100回くらい練る。
4 ハンバーグだねを4等分し、空気を抜きながら1.5cm厚さの楕円形にまとめる。
5 フライパンを強火で熱し、オリーブオイルをなじませたら、4をそっと入れる。中火にして、両面を1分30秒ずつ焼いて焼き目をつける。
6 耐熱皿に5をのせ、250度に温めたオーブンで10分焼く（※これで焼き時間の合計が13分となる）。
7 ハンバーグをうつわに盛り、好みで塩ゆでしたブロッコリーなどを添える。好みでおろし大根とポン酢で食べる。

memo：使用する肉の種類が多いため、4人分作るのがおすすめ。余ったら冷凍しておくとよい。

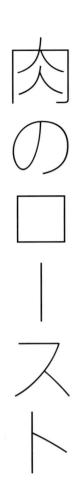

肉のロースト = 肉の2% 120度

シンプルな肉のローストは、試行錯誤してできたレシピです。
肉によってレシピをかえるのは大変なので、同じルールで作ってみたら、
あら不思議。全部おいしいんです。
牛ロース肉、牛肩ロース肉、牛もも肉、豚ロース肉、豚肩ロース肉、
豚もも肉、スペアリブ、ラムもも肉といった、いろいろなかたまり肉で使えます。
肉は焼く1時間ほど前から室温に戻しておき、
500gに対して2%の粗塩（約小さじ2）を塗ります。
かたまり肉には塩が入りにくいので多めにふるのがポイントです。
心配する方もいらっしゃいますが、
焼いている間に余分な塩分は抜けていきますので、ご心配なく。
あとは120度のオーブンで、500gで60分、100g増えるごとに5分ほど
調理時間をのばします（600gなら65分、1kgならば85分が目安）。
天板に湯を張って湯せんで焼けば、さらにしっとり仕上がります。
オーブンには多少クセがあるので、一度作ってレアすぎるな、
焼きすぎだなと感じたならば、その次からは調理時間を5分ずつ短くしたり、
長くしたりして調整しましょう。牛肉、ラムならばレアに、
そのほかはミディアムでもおいしいです。また、ローストした肉をおいしく食べるには、
焼きたてよりも肉を一度冷ましてからのほうが、
肉汁が落ち着いて味わい深くなります。
私が肉のローストを作るときは、夜ごはんなら昼過ぎから焼き始めます。
ギリギリの火入れをしてから休ませたローストほどおいしいものはありません。

ローストビーフ

・・・材料（4人分／作りやすい分量）・・・

牛かたまり肉（もも、肩ロースなど）・500g
粗塩・小さじ2
わさびバターソース
　しょうゆ・大さじ4
　酒、みりん、砂糖・各大さじ2
　バター・10g
　おろしわさび・小さじ½

1 牛肉は焼く1時間前に冷蔵庫から出して室温に戻し、粗塩を全体にすり込む。オーブンは120度に温めておく。
2 蒸気を出すためにオーブンの天板に水カップ2を入れ、その上に網を置いて牛肉をのせる。50〜60分を目安に火を通す。取り出したらそのまま1時間おいて冷まし、肉汁を落ち着かせる。
3 わさびバターソースを作る。フライパンにバターを熱し、しょうゆ、酒、みりん、砂糖を加えてさっと煮る。仕上げにわさびを加え、混ぜ合わせる。
4 肉を7mm厚さに切ってうつわに盛りつけ、ソースを添える。

memo1：ガスオーブンまたはコンベックオーブンは火の通りが早いので、焼き時間を少し短くする。
memo2：粗塩とわさび、からしなどでシンプルに食べてもおいしい。

季節を楽しむ

自然を尊ぶことで生まれた和食

　日本は季節の移り変わりがはっきりしている国です。のぼせるほど暑い夏があるかと思うと、凍えるほど寒い冬がある。先人たちは、その細やかな季節の変化を「愛でる」という以前に、「受け入れる」工夫をしてきたのではないかと思います。そして季節の変化を賢く受け入れたその先に、俳句が生まれ、季節ごとのうつわやお茶の世界が広がっていったのだと思います。

　和食においても、日本人はさまざまな食材を、季節ごとに楽しみます。春は竹の子、ふきのとう、菜の花。夏は鮎、はも、すいかに枝豆。秋は松茸、栗、さんまに新米。冬は大根、ゆずにぶり……。わざわざ料亭に行かなくても、近くのスーパーに行くだけで、私たちは季節の移り変わりの世界へ引き込まれます。

　桜満開の時期に外国から訪ねてきた友人を和食屋さんに連れていったとき、桜の花びらのついたうつわがいくつか出されるのを見て「印象派の画家が日本に来て、和食を食べていたら、ぶっとんでいただろうな。日本人は季節のモチーフをうつわに描いて、日常生活からアートにしているんだもの」と言いました。細部にこだわり、季節を楽しむ日本人は、自然に対して深い尊敬の念があるに違いない、とも。たとえそれが花であろうと、柳の枝であろうと、それらを「もの」として捉えているのではなく、魂が存在する何かとして受け入れているから、こういう食文化が生まれるんだろう、と教えてくれました。

　その季節に生まれてきた食材を、いただきます、ありがとうという気持ちで料理をしてきた日本人。当たり前のようでいて、そうしてでき上がる和食は「something special」なのかもしれないな、と思う今日この頃です。

ふだん食べているそうめん。うつわに氷水をはり、青いもみじを浮かべただけで、「食べる」に「楽しむ」が加わります。こうした一瞬一瞬が、心に何かを残します。

Column 041

煮る

和食が外国の料理と違うことのひとつに、
「具を水や野菜で煮る」という調理法があります。
当たり前のようでいて、実はこれ、当たり前ではないのです。
日本は水がやわらかく、さらにかつおと昆布でだしをとるからできることであって、
他の国ではたくさんのオイルで炒めてから水やトマトで煮たり、
あらかじめコトコト煮つめたストックを使って煮ることが多いのです。
日本だからこそ可能な、この「煮る」という調理法をぜひ使いこなしてください。

レシピいらず！の 煮る ルール

関東風の甘辛・六ちゃん ＝ 6：1：1：1
だし6に対して、砂糖、みりん、しょうゆが各1。
だしが180mlなら、調味料類は各大さじ2

おふくろの味・七ちゃん ＝ 7：1：1：1
だし7に対して、砂糖、みりん、しょうゆが各1。
だしが210ml（カップ1強）なら、調味料類は各大さじ2

おばんざい・八ちゃん ＝ 8：1：1
だし8に対して、薄口しょうゆ1：みりん1に粗塩少々。
だしが240mlなら、調味料類は各大さじ2、粗塩小さじ1/3

京都料亭風・十六ちゃん ＝ 16：1：1
だし16に対して、薄口しょうゆ1：みりん1に粗塩少々。
だしが240mlなら、調味料類は各大さじ1、粗塩小さじ1/3

煮魚・肉の煮込み ＝ さみしさ同量　水ひたひた
魚1切れ（約130g）に対して、酒、みりん、しょうゆ、砂糖各大さじ1、
水はひたひた。2切れなら調味料類は各大さじ2、水は約250ml

みそ煮 ＝ さみしさに、みそも同量　水ひたひた
酒、みりん、しょうゆ、砂糖、みそを同量合わせ、水はひたひた。
魚2切れ（1切れ約130g）なら調味料類は各大さじ2、水は約250ml

すき焼き割り下 ＝ さみしさ同量
酒、みりん、しょうゆ、砂糖を同量合わせ、ひと煮立ちさせたたれ

関東風の甘辛・六ちゃん = 6：1：1：1

煮物を作っているときの香りが好き。家中にやさしい雰囲気が漂います。
ひと言で煮物といっても、味にはバリエーションがあります。
ここでは、しっかりした関東風の煮物をご紹介します。
この甘辛い味わいの煮物を作るには「六ちゃんだし」がおすすめです。
お弁当にもとても合う、ご飯が進む味わいです。
比率は「だし6に対して、砂糖、みりん、しょうゆが各1」。
調味料類が大さじ2（30㎖）ずつならば、だしは180㎖になります。
こちらで紹介している料理のように、**肉類を煮るときは肉から旨みが出るので、**
だしでなく水で煮るのでも十分です。
この六ちゃんだしで煮込んでおいしいのは、ひき肉（肉だんご）や手羽肉、
鶏もも肉、豚肉、牛肉、合鴨など。野菜はなんでも合いますが、
里いも、大根、かぶ、ごぼう、じゃがいもなどの根菜類のほか、ねぎ、豆腐もおいしい。
煮物を迷うことなく作れるようになると、和食作りが信じられないほど簡単になります。
野菜や肉を入れて火にかけるだけでいいのですから。
ある意味、やることといえば、食材を「切る」だけです。
ひとまず、基本の煮物が作れるようになったら、細やかなことに気を配って、
さらにおいしい煮物を目指して、いろいろ煮てみてください。

鴨の六ちゃん鍋

・・・材料（2人分）・・・

鴨の胸肉・150g
豆腐・½丁
長ねぎ・10cm
六ちゃんだし
　砂糖、みりん、しょうゆ・各大さじ4
　水・360ml
粉山椒・少々

1. 鴨肉はひと口大に切る。豆腐は4等分に、長ねぎはななめ薄切りにする。
2. 小さめの鍋に六ちゃんだしの材料を入れ、1を加えてさっと煮立たせる。
3. 鴨が煮えたらうつわに盛り、粉山椒をふる。

memo1：鴨は煮すぎると固くなるので、沸騰したら火を止めるイメージで。
memo2：鴨の代わりに、鶏もも肉や肉だんごを煮てもおいしい。また、春菊や白菜などの葉物類、きのこ類とも相性がよい。

おふくろの味・七ちゃん

= 7:1:1:1

こちらは、おふくろの味がイメージ。しっかりとした味がついていながらも、どこかほっとする味わいの配合だしです。

「七ちゃんだし」は、「だし7に対して、砂糖、みりん、しょうゆが各1」というのが目安です。
調味料類が大さじ2（30mℓ）ずつならば、だしは210mℓでカップ1強になります。
こちらで紹介している料理のように**肉類と煮るときは**
肉からうまみが出るので、だしを使わずに水で十分です。
このだしで煮込んでおいしい根菜は、じゃがいも、ごぼう、れんこん、にんじん、
里いも、大根、竹の子、玉ねぎ、かぶ、えびいもなど。
組み合わせたい肉は、豚肉、鶏もも肉、手羽肉、ひき肉（肉だんご）、
火が通りやすい薄切り肉などです。
さらに風味をつけたいときは、材料をごま油で炒めてから七ちゃんだしをひたひたに加え、
好みで唐辛子や豆板醤、粉山椒などを加えて、ふたをして弱火で煮ます。
本来はだしや水で食材が柔らかくなるまで煮てから、
味が入りやすい砂糖、みりん、しょうゆの順に加えるところですが、
家庭料理ならばはじめからいっしょに煮てかまわないと思います。
そうすることで、気をつけるべきことがひとつ減ります。
このほかに豆腐や厚揚げ、油揚げもいいですし、なす、しいたけ、ピーマンなどもよく合います。
切って煮るだけでおいしくなるのかと疑いたくなるかもしれませんが、
実においしい煮物が本当にでき上がります。
筑前煮、肉じゃがなど、まずはいろいろ煮てみましょう。

肉じゃが 七ちゃん煮

・・・材料（2〜3人分）・・・

牛薄切り肉（切り落としなどでよい）・120g
じゃがいも・2個
玉ねぎ・1個
にんじん・小1本
七ちゃんだし
　砂糖、みりん、薄口しょうゆ・各大さじ2
水・210mℓ
さやえんどう・5〜6本

1. じゃがいもは皮をむいて4等分、玉ねぎは皮をむいて6等分、にんじんは皮をむいてひと口大の乱切りにする（じゃがいもの半分程度の大きさ）。さやえんどうは筋を取り、さっと塩ゆでしてななめ切りにする。
2. 鍋にさやえんどう以外のすべての材料を入れ、柔らかくなるまで煮る。
3. うつわに盛り、さやえんどうを飾る。

memo：基本の肉じゃが。豆板醤やコチュジャンを加えるなどのアレンジもおすすめ。

こちらは七ちゃんだしで煮る肉料理です。

お弁当やおせちにもぴったりの肉のごぼう巻きは、七ちゃんだしで煮ると味がピタッと決まります。

見た目はちょっと難しそうでも、作るのは簡単です。

さやいんげんやアスパラガス、エリンギなどを巻いても。

ピーマンの肉詰めも、煮汁の味が決まっていれば、あとは食材を煮るだけ。

ピーマンのほか、ゴーヤやしいたけの肉詰めもおすすめです。

牛肉の八幡巻き　七ちゃん煮

・・・材料（2～3人分）・・・

牛薄切り肉・6枚（約180g）
ごぼう・2/3本
にんじん・2/3本
肉用七ちゃんだし
　砂糖、みりん、しょうゆ・各大さじ1
　水・カップ1/2
野菜用七ちゃんだし
　砂糖、みりん、しょうゆ・各大さじ1
　水・カップ1/2

1 ごぼうは皮をこそいで、縦に四つ割りにしてから12cmほどの長さに切る。にんじんも皮をむき、ごぼうと同じ長さ、太さに切る。

2 鍋にごぼう、にんじんと野菜用七ちゃんだしを入れて火にかける。煮立ったら弱火にし、ふたをして柔らかくなるまで15～20分煮る。

3 牛肉は1枚ずつ広げ、煮たごぼうとにんじんを1本ずつのせて肉を転がしながら巻く。

4 フライパンを熱し、牛肉の巻き終わりを下にして入れ、転がしながら全体に焼き色をつける。

5 4に肉用七ちゃんだしを加える。煮立ったら弱火にし、キッチンペーパーをかぶせて、煮汁が1/2量に煮つまるまで煮る。

6 粗熱がとれたら食べやすい大きさに切る。

ピーマンの肉詰め 七ちゃん煮

・・・材料（2〜3人分）・・・

ピーマン・3〜4個
肉だね
　鶏ひき肉（または豚ひき肉）・200g
　長ねぎのみじん切り・5cm分
　おろししょうが・小さじ1
　粗塩・小さじ¼
　酒・大さじ1
　片栗粉・小さじ½
七ちゃんだし
　砂糖、みりん、しょうゆ・各大さじ2
　水・210mℓ

1 ピーマンは縦半分に切り、へたと種を取り除く。
2 ボウルに肉だねの材料を入れ、全体を50回ほど練り混ぜる。
3 ピーマンの内側に片栗粉少々（分量外）を薄くはたき、肉だねを詰める。
4 フライパンを中火で熱し、油はひかずに3を肉の面を下にして入れ、肉の表面にうっすらと焦げ目をつける。焦げ目がついたら、返す。
5 七ちゃんだしの材料を加え、煮立ったら弱火にする。キッチンペーパーをかぶせ、ふたをして15〜20分煮る。

おばんざい・八ちゃん = 8：1：1

もし京都に行かれたなら、ぜひ錦市場に行ってみてください。
おばんざいやさんが並んでいて、そこにはひじきと豆、かぼちゃと小豆、
水菜と揚げ、なすとにしん、万願寺唐辛子とおかか、白菜とごぼう、
切り干し大根とにんじん、いも類、大根、かぶ、ごぼう、れんこん、
こんにゃく、しいたけ、ふき、小松菜、菜の花、とうがん、高野豆腐……
ありとあらゆるものが炊かれてディスプレイされています。
こちらでご紹介するのは、それらの**おばんざいの味を再現した**
「八ちゃんだし」のルールです。
「だし8：薄口しょうゆ1：みりん1」がベースとなります。
野菜だけでなく、油揚げや鶏肉などを組み合わせて煮てもよいし、
唐辛子や粉山椒を散らしてもおいしい。
あとは粗塩で、味を調整してみてください。
ちなみにこちらに書いた野菜の名前は、そのままレシピになります。
これらの野菜を見たら、あとは切って煮るだけ。こくを出したければ、
揚げや鶏肉、ソフトにしんなどをいっしょに加えて煮ればいいのです。
煮物は難しいと思うから難しい。
簡単と思えば、野菜をゆでるのと同じくらい簡単です。
ちなみに八ちゃんだしを使う場合は、だしが味の決め手となります。
顆粒だしでもいいのですが、だしをとるのにそう手間はかかりません。
ぜひ、昆布とかつおでだしをとってみてくださいね(P129参照)。

水菜と揚げ 八ちゃん煮

・・・材料（2人分）・・・

水菜・2株
油揚げ・1枚
八ちゃんだし
　薄口しょうゆ、みりん・各大さじ2
　だし・240㎖
　粗塩・小さじ⅓
ゆずの皮のせん切り、七味唐辛子・各適宜

1　水菜は根元を切り落とし、4〜5cm長さに切る。油揚げは1cm幅に切る。
2　鍋に八ちゃんだしの材料を入れ、強火で煮立てる。沸騰したら弱火にし、水菜と油揚げを入れてさっと煮る。
3　うつわに盛り、好みでゆずの皮のせん切りを添える。七味唐辛子をかけてもおいしい。

十六ちゃん
京都料亭風・

＝ 16：1：1

「十六ちゃんだし」は、「だし16：薄口しょうゆ1：みりん1の煮汁に、塩を加えて作る」配合だしです。精進料理や高級料亭で出てくるような、素材の味を最大限生かした煮物を作ることができます。

だしの旨みで、しょうゆは控えめに煮るとおいしいものは、がんもどきとしいたけ、こんにゃくと削り節、かぼちゃ、ぜんまいと大根、大豆とこんにゃく、ひじきと大豆、いかやたこと里いも、ささがきごぼうとまいたけ、にしんとなす、いわしと梅干し、牛すじと大根、切り干し大根、かぶと揚げ、なすと豚ばら肉、ごぼうと牛肉、豚ばら肉とじゃがいも、干ししいたけと高野豆腐、里いも、なすと干しえび、いんげんとさつま揚げ、れんこんと鶏肉、大根とぶり、大根と豚ばら肉、小松菜と揚げ、万願寺唐辛子とじゃこ、ゴーヤと豚肉、万願寺唐辛子とえびだんご、ふきと揚げなど。
すべて十六ちゃんだしで煮ておいしい食材です。
こちらの味わいは本当に上品な味で、おせちを煮るときなどもおすすめです。
とにかく旬の野菜を見つけたら、まずはその本来の味を楽しむべく、やさしい味わいの十六ちゃんだしを活用してみてください。

竹の子とわかめ 十六ちゃん煮

・・・材料（2人分）・・・

竹の子水煮・1個（約400g）
塩蔵わかめ・カップ1/2
十六ちゃんだし
　薄口しょうゆ、みりん・各大さじ1
　粗塩・小さじ1/3
　だし・240ml
木の芽・適宜

1 新鮮な竹の子があればゆでる（以下参照）。なければ水煮を用意し、食べやすい大きさに切る。わかめはたっぷりの水でもどし、ひと口大に切る。
2 竹の子を鍋に入れ、十六ちゃんだしを加える。キッチンペーパーをかぶせ、さらにふたをして火にかける。煮立ったら弱火にして、15〜20分煮る。最後にわかめを加え、さっとひと煮立ちさせる。
3 うつわに盛り、あれば木の芽を添える。

memo：**竹の子のゆで方**
1 竹の子は外側の皮を数枚むく。穂先をななめに切り落とす。
2 圧力鍋に竹の子と、竹の子がかぶるくらいの米のとぎ汁を入れる（米ぬかを入れると圧力鍋の穴が詰まってしまうので入れない）。
3 沸騰して圧力がかかったら弱火にし、15分加熱する。火を止めてそのままおく。冷めたら竹の子を取り出し、皮をむく。株元の固い部分は切り落として使う。

※圧力鍋を使わない場合は、2まで同様にして（米ぬかを入れてもよい）、鍋で約1時間、弱火で煮る。

煮魚・肉の煮込み

＝ さみしさ同量 水ひたひた

「さみしさ同量　水ひたひた」は、魚も肉も煮ることができる万能だれ。
煮魚や肉の煮込みの味が決まらない、という方におすすめです。
魚1切れ、肉はゲンコツ1つ分の量に対して、「大さじ1の酒、みりん、しょうゆ、砂糖を入れて、水をひたひたに加えて煮る」だけで、肉も魚も上手に煮ることができます。
関東風の甘辛い味つけなので、魚ならば青魚、赤身魚によく合います。
淡白な白身魚や新鮮な魚が手に入って甘くない味つけにしたいときは、
砂糖やしょうゆを半量にし、水の代わりに酒、塩を加えて煮てみてください。
上品な割烹風の煮魚ができます。
また、**魚はさっと湯通ししてから煮ると、臭みがさらになくなります。**
時間がないときは粗塩をふって流水で洗うだけで、臭みが抜けます。
煮魚に向いている魚は、子持ちかれい、あじ、いわし、さんま、金目鯛、鯛、
銀だら、きんき、めばる、むつ、さば、ぶり、ソフトにしん、かれい、ひらめ、たら、
ほうぼう、はたはた、さわらなど。
肉ならば、鶏肉、豚肩ロース肉、豚ばら肉、牛肉、ひき肉など、
なんでも合わせることができます。
豆板醤やコチュジャンを加えてもおいしく仕上がります。
旬の魚と肉でいろいろとトライしてみてください。

かれいの煮つけ

材料（2人分）

子持ちかれいの切り身
　・2切れ（1切れ約130g）
さみしさ同量だれ
　酒、みりん、しょうゆ、砂糖
　　・各大さじ2
水または酒・約250㎖
しょうがの薄切り・4枚

1. かれいは熱湯にさっとくぐらせて臭みを取る。または、粗塩少々（分量外）をふって表面のぬめりを取り、流水で洗い流してもよい。
2. 直径20cmほどの鍋に1としょうが、さみしさ同量だれを入れ、水または酒をひたひたになるくらい加える。キッチンペーパーをかぶせ、さらにふたをして強火にかける。
3. 沸騰したらごくごく弱火にして20〜30分煮る。途中で水分が蒸発しそうになったら、水または酒（分量外）を少量足す。
4. うつわにかれいを盛りつけ、煮汁をかける。あればしょうが（分量外）をごく細いせん切りにして添える。

memo：ごぼうや豆腐をいっしょに煮てもおいしい。煮汁を沸騰させてから煮てもよいが、皮がやぶれやすくなるので注意。

かたまり肉の煮込みは、圧力鍋で柔らかく下ゆでしてから、
こちらの配合だれで煮ると失敗なく仕上がります。
豚肩ロース肉だけでなく、豚ばら肉、牛すじ肉、牛すね肉、
牛シチュー用肉（いずれも圧力鍋で30分ほど下ゆでする）などもおすすめです。
また、肉類と根菜との組み合わせもバッチリです。
豚ばら肉は大根だけでなく、ごぼう、じゃがいも、かぶなどともいいですし、
牛薄切り肉や手羽肉と組み合わせてもすてきなおかずになります。

豚肩ロース煮

・・・材料（4～5人分／作りやすい分量）・・・

豚肩ロースかたまり肉・600g
さみしさ同量だれ
　酒、みりん、しょうゆ、砂糖・各大さじ4
豚のゆで汁・約360ml
長ねぎの青い部分・1本分
しょうがの薄切り・5枚
練りがらし・適量

1　鍋に豚肉を入れて、水をたっぷり加える（肉より3cmほど多いように）。長ねぎの青い部分、しょうがを加え、ふたをして強火にかける。煮立ったら弱火にして80分ほど煮る（圧力鍋なら30分）。豚肉を取り出し、流水でさっと洗う。ゆで汁はこしてとっておく。
2　鍋を洗ってから、再度豚肉を入れ、さみしさ同量だれとゆで汁をひたひたになるくらい加える。煮汁がまわるようにキッチンペーパーを肉にかぶせ、弱火で30～40分煮る。ときどき鍋の中で肉を転がしながら煮る。
3　粗熱がとれたら好みの厚さに切ってうつわに盛り、からしを添える。
memo：多めに作って、冷凍しても。お弁当のおかずなどにも活躍します。

豚ばらと大根煮

···材料（3〜4人分／作りやすい分量）···

大根・6cm
豚ばら薄切り肉・150g
赤唐辛子・1本
ごま油・小さじ½
さやいんげん・3本
さみしさ同量だれ
　酒、みりん、しょうゆ、砂糖・各大さじ2
水・約200㎖

1 大根は皮をむいて、1.5cmの厚さに切ってから、さらにいちょう切りにする。豚肉は5cm幅に切る。
2 鍋に大根、豚肉、ごま油と赤唐辛子を入れ、さみしさ同量だれを加える。水をひたひたになるまで入れたら火にかける。煮汁がまわるようにキッチンペーパーをかぶせ、ふたをして20分ほど煮る。
3 うつわに盛り、塩ゆでしたさやいんげんを飾る。

みそ煮 = さみしさに、みそも同量 水ひたひた

魚のみそ煮も、心をほっとさせるおふくろの味です。
魚はみそで煮ることで臭みも抜け、
小さな子どもから大人まで楽しめる味わいになります。
私が作るみそ煮は、やはり「**さみしさ同量**」が基本。
「**酒、みりん、しょうゆ、砂糖に同量のみそ**」を加えることで、こくを出します。
みその代わりにコチュジャンを加えても、
スパイシーでおいしい韓国風のみそ煮ができます。
煮魚と同様に水の代わりに酒を足すと、もっとふっくら煮上がります。
さばに代表されるみそ煮ですが、いわし、さんま、さわら、ソフトにしん、ぶり、
あじ、はたはた、たらなど、いろいろな魚に合います。
**魚が苦手な人に食べてもらうには、さっと湯通しして、臭みを抜くといいでしょう。
しょうがをたっぷり加えてみるのもおすすめです。**
コトコト時間をかけて煮込んだ料理は、人に愛情を伝えるメッセンジャーです。
「私はあなたのことを思っているよ」、そんなメッセージが胃袋に入って、
体のすみずみまでいきわたります。

さばのみそ煮

・・・材料（2人分）・・・

さばの切り身・2切れ（1切れ約130g）
しょうがの薄切り・6枚
みそだれ
　酒、みりん、しょうゆ、砂糖、
　みそまたはコチュジャン・各大さじ2
水または酒・約250ml
しょうが・適量

1. さばは熱湯にさっとくぐらせて臭みを取る。または、粗塩少々（分量外）をふって表面のぬめりを取り、流水で洗い流してもよい。
2. 直径20cmほどの鍋に1としょうがの薄切り、みそだれを入れ、水または酒をひたひたになるくらい加える。キッチンペーパーをのせ、ふたをして強火にかける。沸騰したら弱火にして15〜20分煮る。途中で水分が蒸発しそうになったら、水または酒（分量外）を少量足す。
3. うつわに2を盛りつけ、煮汁をかける。しょうがをごく細いせん切りにして添える。

二 さみしさ同量

すき焼き割り下

肉料理界のスーパーヒーロー、それがすき焼きです。

市販のたれを活用してもいいのですが、自分で作ったほうが断然おいしい。

基本は「さみしさ同量」です。

「酒、みりん、しょうゆ、砂糖を同量」を混ぜ合わせたこのたれは、

すき焼きだけでなく、鶏肉やひき肉（肉だんご）、レバーを煮たり、

豚肉のしょうが焼きにもぴったりです。

ちなみに、上白糖の代わりにざらめや三温糖を使うと、より品のある味わいになります。

この基本の「さみしさ同量だれ」は、すき焼き以外の料理のときは

トマトケチャップや豆板醤少々を加えると、大人っぽい味わいに変わります。

また、粉山椒や唐辛子、マスタードやオイスターソースなどを加えると、

中華風、エスニック風にも。

煮物に炒め物に、いろいろな味わいをお試しください。

なお、**すき焼きは、最初は濃いめのたれで肉を食べ、だんだん煮つまってきたら、**

少しずつ水や昆布だしを加えて、味を調節していきましょう。

まずは肉のパンチのある味わいを、それから野菜のやさしさを味わってみてください。

すき焼き

・・・材料（2〜3人分）・・・

牛薄切り肉（すき焼き用）・350g
好みの野菜（白菜、春菊、長ねぎ、ごぼうなど）
　・各適量
焼き豆腐または木綿豆腐・1丁（300g）
くずきりまたは糸こんにゃく・1袋
さみしさ同量だれ
　酒、みりん、しょうゆ、砂糖・各カップ½
昆布・8cm角1枚
卵・適宜
うどん・適宜

1 鍋にさみしさ同量だれの材料と昆布を入れてひと煮立ちさせ、うつわなどに移す。
2 豆腐、野菜は食べやすい大きさに切る。糸こんにゃくは熱湯でさっとゆで、食べやすい長さに切る（えぐみが気にならなければ、ゆでなくてもよい）。肉はひと口大に切る。好みで溶き卵を用意する。
3 鍋を熱して1のたれを少々入れ、煮立ったら牛肉と長ねぎを入れる。肉は両面をさっと煮るだけにして、肉本来の味を楽しむ。
4 残りのたれを少しずつ加える。すべての具材を適宜、鍋に入れて煮ながら、好みで溶き卵をつけて食べる。割り下が煮つまってきたら水適宜を加えて調整する。
5 好みでゆでたうどんをさっと煮てもおいしい。

memo1：牛肉は、ある程度さしが入っているほうがおいしい。リーズナブルに選ぶならば、肩ロースを。また、鶏つくねのすき焼きもおすすめ。
memo2：野菜は、ルッコラ、クレソン、アンディーブ（チコリ）など、しいたけやエリンギ、えのきだけなどのきのこ類も相性がよい。

和食とうつわ

季節によってうつわをかえる。日本ならではです

　和食のとき、私はよくお盆を使います。日本のうつわは「お膳」という四角いキャンパスをベースにデザインされているので、その上に置いたほうが美しく、一汁二菜の献立も、思いつきやすくなるからです。

　和食器を集めるときにも、私はお盆から始めて、飯碗、汁椀、それから六寸皿と呼ばれる18cm程度の大きさのうつわ、魚の切り身がのせられる長皿、大皿の順番でそろえることをおすすめします。お金をかけるならば、特別なシーンでしか使わないものより、毎日使うものにかけるほうが、生活が豊かになるとも思います。

　うつわを集めるときは、いろいろな種類の焼きもの、またいろいろな時代のものを混ぜたほうが、日本らしい和食器の世界を創り出せるのではないかと思います。こちらの本で使ったうつわは、私が30年ほどかけて、旅行先やオークションでコツコツと集めてきたものです。その種類は、有田、伊万里、唐津、備前、信楽、織部、九谷、そして大好きな現代作家の菱田賢治さんのうつわまで、さまざまな種類、時代にまたがっています。

　「美しいかどうかの基準」は、自分の目を育てるしかありません。そのためには美しいものをたくさん見て、脳にインプットすることが大切です。学ぶならば、インテリアと同じで、手に届く範囲のものを見るのではなく、全く手の届かない、美術館に置いてあるような逸品をたくさん見てください。美しさをインプットし続けたら、あるとき、自分の中に美しさの基準が生まれます。人生をアートするのは、日々の食卓からではないかと思います。

こちらのうつわは、両親が大切にしていたものをゆずり受けた伊万里焼のお皿です。今の時代では作り出せない、細やかな職人芸を感じます。ものはやっぱり大切な思い出です。

Column

揚げる

揚げ物は、みんなの人気者。
上手に揚げるには、いくつかポイントがあります。
まずは慌てないこと。
引き上げたあとにベチョッとしているな、と感じたら、
油に戻して温度を上げ、カラリとするまで待てばよいのです。
次に、あまり「いじらないこと」です。
子育てと同じで、じっくり待つこと、ある程度放置してあげることで
おいしい揚げ物ができ上がります。

レシピいらず！の揚げるルール

天ぷら ＝ 炭酸水マジック
天ぷら粉は冷たい炭酸水で溶くとサクサク感が格段にアップ。
天ぷら粉カップ1に対して、炭酸水は160mℓ

かき揚げ ＝ 濃いめ・薄づけ
通常の天ぷらよりも濃いめに溶いた衣を薄くつけると失敗知らず。
天ぷら粉カップ½に対して、炭酸水はカップ⅓が目安

高温から揚げ ＝ 半生揚げ
魚介類をジューシィに揚げるには、180度の油でさっと揚げること

魚のから揚げ ＝ たっぷり、ゆっくり
魚の切り身は、170度でじっくりと6〜7分揚げ、
180度でさっと二度揚げ

肉のから揚げ ＝ オール1
肉300g（鶏もも肉なら1枚）に対して、ナンプラー、酒、おろししょうが各大さじ1、
おろしにんにく小さじ1、うまみ調味料1ふりを合わせたつけだれ

カツレツ ＝ 日本のPANKO
とんカツやメンチカツは粗めの生パン粉、
コロッケは中くらいの乾燥パン粉、
あじフライやえびフライは細かめの乾燥パン粉

油の温度の見極め方
天ぷらやフライなど揚げ物をするときに役に立つ、油の温度の見極め方をお教えします。衣を少し落としてみて、鍋底からすぐに上がってきたら170度、勢いよく上がってきたら180度、パチパチ気泡がたったら190度、が目安です。天ぷらは泡立つ「音」をよく聞いていると、揚げるタイミングがすぐわかります。音が高くなったら揚げどきです。

天ぷら = 炭酸水マジック

わが家では、天ぷらを揚げたら、いつもキッチンそばのテーブルでいただきます。
揚げたてをすぐに食べたいから、食べる態勢を整えてから、少しずつ揚げていきます。
家庭のコンロで、少なめの油で揚げるならば、市販の天ぷら粉は鉄板だと思います。
また、お店のカウンターのようにすぐに揚げたてをいただけない場合は、
冷たい炭酸水で天ぷら粉を溶くと、サクサク感が持続します。
揚げる油には、あれば太白ごま油や普通のごま油を2割程度混ぜると、風味が増します。
揚げ時間は、**小さめのえびやいかやたこなどの魚介類や薄く切った野菜は1分程度、**
なすやアスパラガス、しいたけなどは2〜3分、
とうもろこしや玉ねぎ、ごぼうなどのかき揚げは3〜4分が目安です。
油を汚さず、すっきりした味に仕上げるには、
調理中も網じゃくしで天かすをこまめにすくうことが大切です。

天ぷらに合うたねは、魚介類なら、えび、きす、帆立て貝柱、いか、
穴子、白魚、鮎、わかさぎ、皮はぎ、はぜなど。
野菜類なら、ふきのとうやたらの芽などの山菜類、竹の子、そら豆、さやいんげん、
オクラ、なす、かぼちゃ、とうもろこし、さつまいも、長いも、にんじん、ごぼう、れんこん、
しいたけ、まいたけ、しめじ、青じそなどがおすすめです。
天ぷら粉にくぐらせる前に、天だねに片栗粉をうっすらつけておくとカラリと仕上がるので、
穴子などを揚げるときは、やってみてください。
おうちが高級な天ぷら屋さんになりますよ。

天つゆの作り方

削り節（花かつお）・カップ½　　昆布・10㎝角1枚
水・カップ1　　しょうゆ、みりん・各40㎖

材料すべてを鍋に入れてひと煮立ちさせ、キッチンペーパーでこす。

えびときすの天ぷら

・・・材料（2人分）・・・

えび・4尾
きす（開いたもの）・2尾
さやいんげん・4本
衣
　天ぷら粉・カップ1
　炭酸水（冷たいもの）・160mℓ
揚げ油・カップ1程度
天つゆ（memo2参照）・適量
おろし大根・カップ½
粗塩、粉山椒、レモンまたはすだち
　・各適宜

1　えびは尾の一節を残して殻をむき、背わたを除く。まっすぐに揚げたい場合は、腹側に浅い切り込みを入れておく。えびの尾は先をななめに切り、中の水分をしごき出す（油はねを防ぐため）。きすは、大きいものは2〜3等分に切る。さやいんげんは筋を除き、長さを半分に切る。すべてバットに並べておく。
2　ボウルに天ぷら粉を入れ、冷たい炭酸水を加えて溶く。
3　深めのフライパンに油を3〜4cm深さに入れ、170度に熱する。天だねに衣をさっとつけ、揚げていく。いんげん、きす、えびの順に揚げる。
4　うつわに盛りつけ、はじめは塩と粉山椒、レモンで。あとから天つゆ、おろし大根で食べるのがおすすめ。

memo：塩は、男鹿半島の塩、わじまの海塩、粟国の塩、カマルグ、マルドンなどがおすすめ。

かき揚げ

二 濃いめ・薄づけ

野菜はいくつかの食材と組み合わせてかき揚げにすると、またおいしさが倍増します。合う野菜はとうもろこし、枝豆、そら豆、ごぼう、にんじん、玉ねぎ、長ねぎ、しいたけ、まいたけ、かぼちゃ、ゴーヤ、長いも、みょうが、三つ葉、青じそなど。かき揚げを上手に作るには、野菜の水分はきちんとふき取り、片栗粉少々をからめます。**冷たい炭酸水で通常の天ぷらより「濃いめ」に溶いた衣を、「薄め」につけて、170度の中温でいじらずにじっくり揚げてみてください。**これさえ守れば驚くほど簡単です。小えびや桜えび、小柱、ちくわ、しらすなどを風味づけに混ぜるのもおすすめです。

玉ねぎとにんじんのかき揚げ

・・・材料（2人分）・・・

- 玉ねぎ・½個
- にんじん・7cm
- むきえび・70g
- 衣
  - 天ぷら粉・カップ½
  - 炭酸水（冷たいもの）・カップ⅓
- 片栗粉・大さじ2
- 揚げ油・カップ1程度
- 粗塩、レモン・各適宜

1 玉ねぎは繊維に沿って薄切りに、にんじんは細切りにする。キッチンペーパーで水けをふいてボウルに入れ、えびを加えて片栗粉を薄くまぶす。
2 小さめのフライパンに油を3〜4cm深さに入れ、170度に熱する。
3 天ぷら粉と炭酸水を合わせ、粉を溶く。1に加え、混ぜ合わせる。
4 3の½量を穴あきレードルですくって余分な衣を落とし、レードルごと油にそっと入れる。菜箸で材料を滑らせるようにして油に放す。残りも同様にして油に入れる。1分ほどしたら返し、さらに1〜2分揚げる。油をよくきって引き上げる。
5 うつわに盛り、好みで粗塩とレモンを添える。

memo：きれいな円形に揚がらないという場合は、穴あきレードルごと油に入れるこの方法がおすすめ。周囲に少し火が通ってきたあとでレードルを引き上げればOK。

二 半生揚げ

高温から揚げ

たこやいか、帆立て貝柱、さざえの刺身、わたりがに……などをから揚げにするときは、**素材の水分を抜かないために、高温でさっと揚げるのがポイントです。**
水分をキープしてジューシィに仕上げたいので、
塩、こしょうをしたらすぐ片栗粉をうっすらとつけ、180度の高温でさっと揚げましょう。

たこのから揚げ

・・・材料（2〜3人分）・・・

ゆでだこ（刺身用）・100g
市販の味つけ塩こしょう・小さじ1/3
片栗粉・大さじ2
揚げ油・カップ1程度
すだちまたはレモン・適宜

1 たこはひと口大に切って、味つけ塩こしょうをふり、片栗粉を薄くつける。
2 油は180度に熱し、たこをさっと揚げる。
3 うつわに盛り、好みですだちを添える。

魚のから揚げ

二 たっぷり、ゆっくり

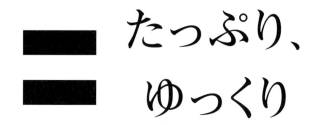

私の母が作る魚のから揚げは絶品。
そもそも福岡は魚がおいしいので、揚げることでその旨みが増すのだと思います。
魚のから揚げはパン粉などの衣をつけない分、あっさりした仕上がりになります。
私が魚を揚げるときに好んで使うのは片栗粉です。
薄力粉よりカラッと軽く仕上がるからです。
カラリと揚げるためには、いくつかポイントがあります。
まず魚を流水で洗ったら、軽く水分をふき取る程度にして(きちんとふき取ると、
片栗粉がつかなくなるため)、魚の重さの2％の粗塩か、
市販の味つけ塩こしょうをふること(旨みが加わって、ほんのり甘さを感じる)。
そして、**まんべんなく片栗粉をつけたら、170度の中温でじっくりゆっくり揚げてから
一度取り出し、次は180度の高温で二度揚げする**ということです。
特に姿揚げにするならば、この手法が役に立ちます。
から揚げに合う魚は、かれい、おこぜ、めばる、いしもち、小あじ、いわし、さば、たら、
太刀魚、きびなご、あいなめ、鮎、穴子、わかさぎ、かさごなどいろいろとあります。
**揚げる時間の目安は、稚鮎やきびなごなど小さな魚ならば2～3分、
切り身ならば4～5分、かれいや鮭など厚みのある切り身は5～6分、**
そしておこぜやいしもち(とてもおいしい!)など**一尾丸ごと、骨ごと揚げるときは、
12～13分かかります**(大きければ20分近くかかります)。
丸ごとの魚をから揚げするときは、けっこうな時間がかかるということを、
どこかに記憶しておいてくださいね。
でもその努力は、口の中で必ずむくわれます!

かれいのから揚げ

･･･材料（2人分）･･･
かれいの切り身（骨つき）・2切れ（1切れ約130g）
市販の味つけ塩こしょう・小さじ½
片栗粉・カップ½
揚げ油・カップ1程度
しし唐辛子・2本
すだちまたはレモン・適宜

1 かれいは、味つけ塩こしょうをふって10分ほどおく。
2 かれいから出てきた水分はふき取らず、片栗粉をたっぷりつける。
3 油は170度に熱し、かれいを入れて5～6分揚げる（油の音が静かになるまでが目安）。同じ油でしし唐辛子を素揚げにし、ななめ半分に切る。
4 うつわにかれいとしし唐辛子を盛り、すだちを添える。

memo：抹茶塩や山椒塩もおすすめ。

肉のから揚げ = オール1

から揚げには、卵を使ったり、しょうゆにつけ込んだり、
薄力粉を活用したりとさまざまなレシピがありますが、いろいろトライしてみてこれだなぁ！
と感じたのは**材料の配合を「オール1」にした**、サクサクに仕上がるレシピです。
肉300g（鶏もも肉なら1枚程度）に対して、
「ナンプラー大さじ1、酒大さじ1、おろししょうが大さじ1、おろしにんにく小さじ1、
うまみ調味料1ふり」で味つけします。
あとはたっぷりの片栗粉をつけて170度の油ですぐに揚げる、というものです。
肉に加える塩分は、重量に対して1％がちょうどいいのですが、
300gの肉にナンプラー大さじ1を加えると塩分が3〜4gとなって、
理想の塩分量になるのです。また、しょうゆに比べ、焦げることがありません。
鶏肉だけでなく、豚肉、牛肉、ラム肉、ひき肉、軟骨やレバーなどの内臓類、
えびや帆立て貝柱などでもおいしくできます。
から揚げをサクッと揚げるコツは、衣をつけたらすぐに揚げることです。
時間をおくとベチョッとするので、すぐに揚げることを覚えておいてください。
温度は170度の中温程度で。高すぎると焦げるもとになります。
揚げ時間の目安は、鶏肉1枚（300g）を6等分したならば6〜7分、
8等分で4〜5分となります。
牛肉やラム肉のように、レア感を残したいものはこちらより短くなりますが、
肉だんごなどでも4分ほどかけます。
たれをもみ込むだけできちんと味はつくので、つけ込む必要のないレシピです。

鶏のから揚げ

・・・材料（2人分）・・・

鶏もも肉・1枚（約300g）
オール1から揚げだれ
　ナンプラー、酒、おろししょうが
　　・各大さじ1
　おろしにんにく・小さじ1
　うまみ調味料・1ふり
片栗粉・カップ½
揚げ油・カップ1
　程度
レモン・適宜

1　油は170度に熱しておく。鶏肉は皮目にフォークを刺して穴をあけ、6等分に切る。
2　ボウルに鶏肉とオール1から揚げだれの材料を入れ、手でもみ込む。片栗粉をまぶしたら、時間をおかずに170度の油で揚げる。6～7分が目安。
3　うつわに盛りつけ、好みでレモンを添える。

memo：鶏肉を8等分に切った場合は4～5分が目安。

チキン南蛮

・・・材料（2人分）・・・

鶏胸肉・1枚（約230g）
オール1から揚げだれ
　ナンプラー、酒、おろししょうが・各大さじ1
　おろしにんにく・小さじ1
　うまみ調味料・1ふり
卵・1個分
薄力粉・カップ¼程度
揚げ油・カップ1程度
甘酢だれ
　すし酢、酢、水・各大さじ2
　しょうゆ・大さじ1
タルタルソース
　ゆで卵・1個
　すし酢、マヨネーズ、牛乳、
　きゅうりのみじん切り・各大さじ2
レタス類・適量

1　鶏肉は厚みを半分に切る。甘酢だれの材料をバットに合わせておく。タルタルソースはゆで卵を刻んで、残りの材料と混ぜ合わせる。
2　フライパンに3cm深さに油を入れ、170度に熱する。
3　鶏肉をオール1から揚げだれにさっとくぐらせてから、薄力粉をまぶし、溶き卵をつける。
4　3を5〜7分を目安に揚げる。
5　甘酢だれにくぐらせてから食べやすく切ってうつわに盛りつけ、レタスの細切りを添える。タルタルソースをかけて食べる。

memo：チキン南蛮はどこか懐かしい味わいの揚げものです。おつまみとしては、ビールやハイボールが進みます。

肉だんご甘酢がけ

・・・材料（2人分）・・・

豚ひき肉・300g
玉ねぎ・¾個
卵白・1個分
オール1から揚げだれ
　ナンプラー、酒、おろししょうが
　　・各大さじ1
　おろしにんにく・小さじ1
　うまみ調味料・1ふり

片栗粉・カップ½程度
揚げ油・カップ1程度
甘酢
　A｜酢、酒、砂糖、水・各大さじ2
　　｜トマトケチャップ・小さじ1
　　｜しょうゆ・小さじ½

1　肉だんごを作る。玉ねぎはみじん切りにして、電子レンジで3分加熱する。ボウルに玉ねぎとひき肉を入れ、卵白、オール1から揚げだれを加え、全体を100回くらい練る。冷蔵庫に10分ほど入れ、脂を落ち着かせる。鍋（フライパンでもよい）に油を3cm深さくらい入れて170度に熱する。

2　肉だんごは直径4cmくらいに丸め、片栗粉をまぶしたらすぐに揚げる。5〜6個ずつ入れて4分ほど揚げるのが目安。油の温度が下がるのでこれ以上は入れないこと。

3　甘酢を作る。鍋にAを合わせて火にかけ、ひと煮立ちしたら、片栗粉を水大さじ1（分量外）で溶いて加え、とろみをつける。

4　うつわに肉だんごを盛り、甘酢をかける。

memo：肉だんごは、そのまま揚げたてを食べてもおいしい。

カツレツ ＝ 日本のPANKO

カツレツはもともと、フランス料理の「コートレット」(仔牛肉などの薄切りをカツレツと同じ手順で
パン粉をつけ、バターで揚げ焼きにしたもの)のアレンジだといわれています。
とはいえ、日本のカツレツはコートレットとは別もの。
それは日本のパン粉(海外でPANKOとして売られている)が、海外のものとは全く違うからです。
日本のものはパンを乾かしてざっくりくずした、粗めの形状。一方、海外の「ブレッドクラムズ」は
パン粉をさらにフードプロセッサーにかけた、かなり細かい粒子状のもの。
だから、同じ手順を踏んでも、日本のカツレツのようなサクサクッとした食感は生まれないのです。

カツレツにも、とんカツ、ハムカツ、レバカツ、牛カツ、チキンカツ、
えびカツ(えびのすり身を揚げたもの)などいろいろありますが、
基本は食材に塩、こしょうをして、衣をつけて揚げるというプロセス。
上手に作る一番の決め手は、何といっても揚げる温度です。
とんカツ、チキンカツなど、**肉に厚みのあるもの、火をギリギリまで通したいものは、
160度の低温からじっくり揚げていきます。**
一方、**加工食材や牛肉のようにレアな部分を残したいときは180度以上でさっと揚げます。**
牛カツなどは200度近くの高温で1分が目安です。
2番目の決め手はパン粉の粒子の粗さです。**とんカツやメンチカツならば粗めの生パン粉を、
コロッケならば中くらいの乾燥したパン粉、串カツやあじフライをあっさり楽しむならば細かいパン粉**
(ポリ袋に入れて細かくしてもよい)がおすすめです。さらに、カツレツなど油を使った料理を食べるときは、
食物繊維やビタミンCを含む野菜といっしょに食べると、油の吸収を抑えるといわれています。
揚げ物にレモンやキャベツを添えるのには、理由があるのです。
ヘルシーに揚げものを楽しみましょう。

粗い生パン粉

とんカツ

・・・材料(2人分)・・・

豚ロース肉(とんカツ用・1.5cm厚さ)
　　・2枚(300g)
粗塩・小さじ⅗
黒こしょう・適量
衣
　薄力粉・カップ⅓
　卵・1個
　水・小さじ1
　生パン粉(粗いもの)・カップ⅔
揚げ油・カップ1程度
キャベツのせん切り、好みのソース
　・各適量

1　衣の卵は分量の水を加え、溶きほぐす。
2　豚肉は赤身と脂身の境目にある薄い膜を切り、焼いたときに肉が反り返らないようにする(肩ロースの場合は、めん棒で軽くたたく)。塩、こしょうをふり、薄力粉を薄くつける。溶き卵にくぐらせ、パン粉をたっぷり、しっかりつける。
3　フライパンに3cm深さくらいの油を入れ、160度に熱する。2を入れて、両面を2分ずつ揚げる。最後に火を強めて、さらに1分揚げる。パン粉のかすは網ですくいながら揚げるとよい。網にのせて油をきり、そのまま5分おいて余熱で火を通す。
4　切り分けてうつわに盛り、せん切りキャベツを添える。好みのソースをかけて食べる。

memo1：豚肉の部位は好みで。さっぱり系ならヒレ、旨みを求めるなら肩ロース、柔らかさを求めるならロースがおすすめです。
memo2：揚げる時間は、肉の厚さが1cmなら4分弱、1.5cmなら5分、2.5cmなら7〜8分が目安。余熱を考えて、火を入れすぎないほうがしっとりと仕上がる。

乾燥パン粉（中）

コロッケ

・・・材料（小6個分／作りやすい分量）・・・

じゃがいも・2個
玉ねぎ・½個
豚ひき肉・50g
オリーブオイル・大さじ½
粗塩・小さじ½
砂糖・大さじ½
黒こしょう・少々

衣
　薄力粉・カップ½
　卵・1個
　水・小さじ1
　乾燥パン粉（中くらいの粗さ）・カップ1
　揚げ油・カップ1程度
　キャベツのせん切り、好みのソース・各適量

1　じゃがいもは皮つきのままラップで包み、電子レンジで10分加熱する。熱いうちに皮をむく。
2　玉ねぎはみじん切りにし、ラップで包んでレンジで2分加熱する。
3　フライパンを熱してオリーブオイルをなじませ、玉ねぎとひき肉を入れ、中火で2分ほど炒める。粗塩、砂糖を加えて混ぜる。
4　フライパンの火を止め、じゃがいもを熱いうちに加え、マッシャーでつぶす。黒こしょうをふり、全体を混ぜ合わせる。フライパンの上で6等分に分け、たわら形にまとめる。
5　衣用の卵は水を加えて溶きほぐす。たねに薄力粉、溶き卵、パン粉の順に衣をつける。
6　油を170度に熱し、5のたねを3個ずつ2回に分けてきつね色になるまで揚げる。
7　うつわに盛ってキャベツを添え、好みのソースで食べる。

memo1：余ったコロッケは、パンに挟んで食べてもおいしい。
memo2：このコロッケは母、よし子の定番。パン粉を粗いものにして揚げてもおいしいです。

魚介類のフライは、火かげんがポイントです。
いかや帆立て貝柱などは、サクッと仕上げたいので180度の高温で、
あじや鮭などは中までしっかり火を通したいので、170度の中温で揚げます。
また、フライはソースをかけて食べるので、魚介類には1％程度の塩をします。
ダイショーやS&B、ハウスなどから出ている「味つけ塩こしょう」で
下味をつけると、コクのあるフライに仕上がるのでおすすめです。
えび、帆立て貝柱、いか、かきなどのほか、鮭、あじ、たら、
かじき、いわし、さわらなどがフライに合います。
また、卵はよく溶いて、1個につき小さじ1ほどの
水を混ぜるとパン粉のつき具合がよくなります。
揚げ時間はあじなどで3〜4分、えびや帆立て貝柱で2〜3分、
厚さのある鮭の切り身などは5〜6分が目安です。

細かいパン粉

あじフライ

・・・材料（2人分）・・・

あじ（背開きまたは三枚におろしたもの）・4尾
市販の味つけ塩こしょう・小さじ½
衣
　薄力粉・カップ½
　卵・1個
　水・小さじ1
　パン粉（細かいもの）・カップ1
揚げ油・カップ1程度
キャベツのせん切り、レモン、好みのソース・各適量

1 衣用の卵は分量の水を加え、溶きほぐす。
2 あじに味つけ塩こしょう（または塩、こしょう／分量外）をふり、すぐに薄力粉、溶き卵、パン粉の順に衣をつける。
3 油は170度に熱する。あじを入れて3〜4分、きつね色になるまで揚げる。
4 うつわに盛り、キャベツとレモンを添える。中濃ソースやマヨネーズ、タルタルソースなどで食べる。

memo：パン粉は、生でも乾燥でもお好みのほうを。

炒める

気楽に調理できる炒め物。上手に作るポイントは、
材料や調味料を全部用意してから作り始める、ということです。
多くの人は調理している間に調味料を探し出したりしますが、
それではスムーズに作れないうえ、味も悪くなってしまう。
料理は段取りです。
いろいろなものを用意してから、火と向かいあいましょう。

レシピいらず！の 炒めるルール

青菜のだし炒め ＝ オール1

青菜½束（約100g）に対して、水 100㎖、酒大さじ1、
和風顆粒だしの素小さじ1、しょうゆ小さじ1、粗塩ひとつまみ

きんぴら ＝ しょうゆ2：ほかオール1

しょうゆ2に対して、ごま油、砂糖、みりん、酒、ごまはすべて1

のり炒め ＝ オール1

片手ひとつかみの野菜（100〜120g）なら、ごま油大さじ1、
しょうゆ大さじ1、焼きのり1枚に、砂糖と粗塩をひとつまみずつ

バターわさび炒め ＝ オール1

片手ひとつかみの野菜（100〜120g）なら、
バター10g、チューブタイプのわさび1㎝分、しょうゆ小さじ1

卵炒め ＝ オール1

片手ひとつかみの野菜（100〜120g）なら、
ごま油大さじ1、卵1個、和風顆粒だしの素と粗塩をひとつまみずつ

青菜のだし炒め

ニ オール1

成人が一日に摂取すべき野菜の量は350g。
かさにして両手いっぱいですから、
それらをすべて生で食べるのには限界があります。
そこで私がよく作るのが、炒めもの。
なかでも、うちでいちばん食卓に登場する炒めものがこちらです。
青菜の炒めものは食べたいけれど、油はちょっと控えたい。
そういうときは、炒めたあとにだしを加え、油を少し落とすというこの方法であれば、
余分な油をほとんど摂らずにすみます。
炒めもののために、わざわざだしをとるのが面倒ならば、
「水100㎖、酒大さじ1、和風顆粒だしの素小さじ1、しょうゆ小さじ1、
粗塩ひとつまみ」という配合で炒めものに加えてみてください。
だしがあるときは水の分量をだしにかえて、
顆粒だしの代わりに粗塩をさらにひとつまみ足します。
この調理法に合う野菜はほうれんそう、小松菜、春菊、水菜、青梗菜、
空芯菜、菜の花、みぶ菜、ターサイ、モロヘイヤ、豆苗、白菜、
キャベツといった葉物類に、ブロッコリー、スティックブロッコリーなど。
にんにく、しょうが、赤唐辛子などを加えても、おいしく仕上がります。

ほうれんそうのだし炒め

・・・材料（2人分）・・・
ほうれんそう・½束（約100g）
にんにくの薄切り・1かけ分
ごま油・大さじ1
オール1だれ
　水・100㎖
　酒・大さじ1
　和風顆粒だしの素・小さじ1
　しょうゆ・小さじ1
　粗塩・ひとつまみ

1 ほうれんそうは熱湯にさっとくぐらせて水にとり、水けを絞って4等分に切る。
2 フライパンにごま油を入れ、にんにくを弱火で炒める。香りが立ったらほうれんそうを加えて強火にし、油を全体になじませる。
3 2にオール1だれの材料を加え、さっと煮立てたらでき上がり。

きんぴら

= しょうゆ2：ほかオール1

きんぴらは家庭料理、そしてお弁当の定番です。
私のきんぴらは、「**しょうゆ2に対し、その他の材料（ごま油、砂糖、みりん、酒、ごま）はオール1**」の比率で配合した調味料で炒めます。
きんぴらといえばごぼうが定番ですが、じゃがいも、にんじん、れんこん、ゴーヤ、ピーマン、パプリカ、かぼちゃ、大根、かぶ、長いもなどの野菜や、ひじき、こんにゃく、糸こんにゃく、大豆などもよく合います。
好みで赤唐辛子、青唐辛子、ゆずごしょう、黒七味唐辛子などを加えても。

にんじんとじゃがいものきんぴら

・・・材料（2人分）・・・

にんじん・1/2本
じゃがいも・1/2個
きんぴらだれ
　しょうゆ・大さじ1
　砂糖、みりん、酒、いり白ごま・各大さじ1/2
ごま油・大さじ1/2
粗塩・適宜
青じそのみじん切り・適宜

1 にんじん、じゃがいもは皮をむき、薄切りにしてから細切りにする。
2 フライパンにごま油を入れ、1を中火で焦がさないように炒める。しんなりしてきたら、きんぴらだれのいり白ごま以外の調味料を加え、汁けをとばすように炒める。
3 ごまを加えたらでき上がり。好みで粗塩を加え、味をととのえる。
4 うつわに盛りつけ、好みで青じそを散らす。

のり炒め

オール1

野菜を油を入れずにフライパンでじっくり炒め、野菜の水分がとんだところでごま油を加え、しょうゆと砂糖、塩で味つけをしてのりで和える炒めものです。
大根、にんじん、ブロッコリー、ゴーヤのほか、しいたけ、パプリカ、アスパラガス、さやいんげん、オクラ、万願寺唐辛子、そしてこんにゃくなどもおいしい。
目安は<u>片手ひとつかみの野菜（100〜120g）に対して、「ごま油大さじ1、しょうゆ大さじ1、焼きのり1枚、砂糖ひとつまみ、塩ひとつまみ」</u>が目安です。

パプリカののり炒め

―――材料（2〜3人分）―――

パプリカ・1個
のりだれ
　焼きのり（全形）・1枚
　ごま油・大さじ1
　しょうゆ・大さじ1
　砂糖・ひとつまみ
　粗塩・ひとつまみ

1　パプリカは縦半分に切ってへたと種を除き、細切りにする。
2　フライパンを弱火で熱し、1を入れる。しばらく触らずに、じっくりと炒める。
3　火が通ったら、のりだれのごま油を回し入れ、調味料類を加えて全体を混ぜ合わせる。
4　仕上げにのりをちぎって加え、軽く混ぜ合わせる。

二 オール1

バターわさび炒め

普通にバターで炒めた野菜もおいしいですが、わさびを加えると、酒のつまみとしてもいける一品に。
<u>片手ひとつかみの野菜（100〜120g）に対し、バター10g、チューブタイプのわさび1cm分、しょうゆ小さじ1が目安</u>です。最後に粗塩で味を調整します。
おすすめの野菜は、きのこ類全般、青菜類、なす、じゃがいもなど、野菜以外では、いかやたこ、えびや帆立て貝柱、鶏肉、牛肉などが合います。そのほか、チャーハンや焼きうどんの味つけにも、実はおすすめです。

マッシュルームのバターわさび炒め

・・・材料（2人分）・・・

- マッシュルーム・7〜8個
- **わさびだれ**
  - バター・20g
  - チューブタイプのわさび・2cm分
  - しょうゆ・小さじ2
- 青じそのせん切り・適量

1 マッシュルームは石づきを取って、縦半分に切る。
2 フライパンにバターを熱し、マッシュルームとわさびを入れて強火で炒める。
3 しょうゆを加えて味見をし、足りなかったら、粗塩（分量外）でととのえる。うつわに盛りつけ、青じそのせん切りをのせる。

卵炒め ニオール1

卵炒めは、あと何か1品、というときにとても便利です。
野菜を油で炒め、最後に卵と炒め合わせたこのひと皿は、
材料費もリーズナブルで、誰もが好きな味です。
**目安は片手ひとつかみの野菜（100〜120g）をごま油大さじ1で炒め、
「卵1個、粗塩ひとつまみ、和風顆粒だしの素ひとつまみ」を混ぜる**というもの。
卵は焦がしたくないので、始終中火で調理して仕上げます。

豆腐の卵炒め

…材料（2人分）…

- 木綿豆腐・½丁
- 卵・2個
- 粗塩・2つまみ
- 和風顆粒だしの素・ひとつまみ
- ごま油・大さじ1
- しょうゆ・大さじ1
- いり白ごま・小さじ1
- 青じそ、ラー油・各適宜

1 豆腐の水けをきる。レンジで加熱するならば200g程度で2分が目安。卵は割りほぐして粗塩を半量加える。

2 フライパンを中火で熱し、ごま油を入れる。手でつぶした豆腐と残りの塩を加えて全体をフライ返しでやさしく混ぜたら、1の卵としょうゆ、ごまを加える。

3 弱火にして、全体をさっと炒め、とろっとしてきたら火を止めて、あとは余熱で火を通す。好みですり白ごま（分量外）をふる。青じそをのせてもよいし、ラー油などをかけてもおいしい。

炒める

蒸す

蒸すというのは、素材の味を最大限に引き出す、すばらしい、ヘルシーな調理法です。
特に蒸し魚は、この方法をひとつ覚えてしまえば、どんな魚にも対応することができます。
日本という新鮮な魚がとれる国だからこそ、日本に住んでいてこその調理法なので、ぜひお試しいただきたいです。

レシピいらず！の 蒸すルール

茶碗蒸し ＝ 13分マジックを活用

卵液をうつわに注いで蒸し器に入れたら、ふたを少しずらして13分じっくり蒸す

魚の酒蒸し ＝ 塩3％　ふり塩

魚の切り身2切れ（1切れ約130g）なら、粗塩は小さじ1⅓。
蒸す前に酒をふることでふっくら仕上がる

茶碗蒸し = 13分マジックを活用

蒸し器を使うときに注意すべきポイントは、きちんと水が沸騰してから入れることです。そして茶碗蒸しのときは、**上から水がたれないよう、少しだけふたを開けておく。**さらに大切なのが、**13分火にかけるということ。**のんびりと待っている心があってはじめて、おいしい茶碗蒸しができるのです。

茶碗蒸し

···材料（4人分／作りやすい分量）···

卵・2個
だし汁・カップ1½
粗塩・小さじ⅓
薄口しょうゆ・小さじ¼
しょうが、あさつき・各適宜

1 ボウルに卵を割り入れ、よく溶きほぐす。だし汁、粗塩、薄口しょうゆを加え、よく混ぜる。ざるでこして、うつわに注ぎ入れる。
2 蒸し器、または深さのある鍋に網を敷き（卵液が直接鍋底に触れると熱くなりすぎるので）、網の高さぎりぎりまで水を入れる。うつわをのせる。蒸し器のふたを少しずらしてのせ（蒸気の逃げ場所となる）、3分蒸す。
3 ごくごく弱火にしてさらに10分ほど蒸す。
4 好みでおろししょうがとあさつきの小口切りをのせる。

memo：茶碗蒸しは冷やしてもおいしいので、多めに作って、次の日に食べるのもおすすめ。

魚の酒蒸し

■■ = 塩3％ ふり塩

私はアルミ製の古い蒸し器を持っていて、肉まんでもとうもろこしでも、
そしておこわでも全部この蒸し器で作っています。
焼いた魚や揚げた魚もおいしいですが、蒸した魚はふっくらして、
魚の旨みを十分に感じられ、日本という食材の豊かな国に生まれた幸せを実感できます。
蒸し器がなくても、大きめの鍋と蒸し網さえあれば蒸し魚を作ることができます。
おいしく作るポイントは、
「魚に塩をして30分ほどおいて、最後に酒をふって調理する」ということです。
時間をおくことでしっかり塩味がしみ込み、酒を加えることでふっくらと仕上がります。
蒸し魚のふり塩は、酒と蒸気で塩が落ちることを計算して、
魚の重さの3％くらいにします。
100gの魚ならば3g、小さじ3/5ほどの粗塩を(多いと思われるかもしれませんが、
まずお試しを)。臭みを取るために、ねぎやしょうがをうつわに敷いて、
その上に鮭、さわら、太刀魚、たら、かじき、まながつお、鯛、金目鯛など、
いろいろな魚をのせて蒸してみてください。
最後に針しょうがや白髪ねぎ、好みで香菜などをのせてアクセントに。
熱々にしたごま油をかけてもおいしいし、たれ(しょうゆと酒を各大さじ1、
砂糖小さじ1を混ぜたもの)をかけるとご飯も進む味わいになります。
蒸し時間の目安は、切り身魚なら10分、あじなど一尾丸ごとなら13分、
1.5kgほどの大きな魚(金目鯛など)なら20分ほどです。
また、酒の代わりに紹興酒を使って蒸すのも、香りよく仕上がるのでおすすめです。

鯛の酒蒸し

・・・材料（2人分）・・・

鯛の切り身・2切れ（1切れ約130g）
粗塩・小さじ1⅓
酒・大さじ4
長ねぎ・5cm
しょうがの薄切り・4枚
青ねぎ、しょうが（ともに仕上げ用）・各適量
ごま油（あれば太白ごま油）・適宜
たれ
　砂糖・小さじ1
　しょうゆ、酒・各大さじ1

1　鯛は両面に粗塩をふり、30分以上おく。長ねぎはななめ薄切りに、しょうがはせん切りにする。
2　小さめのバットや耐熱皿に1の長ねぎとしょうがを敷いて魚をのせ、酒をかける。
3　蒸気の上がった蒸し器に（または大きめの鍋に水を入れて沸騰させ、網をのせたところに）バットごと魚を入れ、強火で8〜10分蒸す。
4　たれの材料を混ぜ合わせる。盛りつけるうつわを温めておく。
5　うつわに3の鯛をのせ、バットに残った蒸し汁とたれをかける。ななめ細切りにした青ねぎと針しょうが（ごく細いせん切り）を添える。好みで熱したごま油をかけて食べる。

世界の中の和食

海外に行くと、当たり前だった和食が特別なものになる

「はじめに」でも書きましたが、現在、NHKワールドの「Dining with the Chef」という番組を担当しています。パックンといっしょに料理を作り、時にタイ、マレーシア、イギリス、アメリカ、ブータンなど、いろいろな国に行って和食をプロモーションするお手伝いをしています。始めたばかりの頃は「みんな、和食なんて興味があるのかな？」と思っていましたが、この5年での和食人気の広がりは想像以上。世界中の人が、すしから始まり、ラーメン、カレーライス、たこ焼きにまで注目し、海外の和食店は、年間倍単位のスピードで増えている時代となったのです。

「なんでそんなに和食が好きになったの？」と聞いてみると、「It feeds not only my body, but my soul」と答えた人がいました。和食は体だけでなく、心に栄養を与えてくれるのだと。手を合わせて「いただきます」「ごちそうさま」と言う習慣や、旬を大切にする心、そして「Eating Harmony」（和を食べる）という思想が、自分たちの心を満たしてくれると言われました。

発見の連続です。いつの間にか、そんなふうに和食を好きな人が増えている。そして食を通じて日本に興味を持ち、日本に来るのが夢だという人たちがいるのです。正直、海外の和食店に行くと「ん？　これはシンガポールヌードルでは？」「この巻きずしは韓国のキムパでは？」と笑ってしまうこともよくあるのですが、それでもありがたい。まずは日本に興味をもっていただける場をつくってもらえたのだから。

「和を食す」。和食の作り方を、その心とともに世界に広げていけたなら、きっと世界と日本は、もっとよい方向につながっていけるかもしれません。

「いただきます」と人が声を発する姿は、どこか仏様が祈っている姿と重なります。生きていればいろいろなことがあるけれど、まずは生かしていただいていることにありがとうと。こうして元気に食べられることにありがとうと。「いただきます」は美しい言葉であり、慈愛に満ちたしぐさだなあと思います。

日本だと、どのスーパーでも普通にお刺身を売っていて、
気楽に買って食べられます。
でも一歩、日本の外に出ると、そうではありません。
私たちは実はラッキーなんです。
刺身をおいしく食べるコツは、「よい魚屋さんを見つける」。
この一点に限ります。
ぜひどこかよいところを見つけてくださいね。

レシピいらず！の 生 ルール

刺身 ═ 筋に逆らって、3切れ5切れ

刺身のさくは、筋に対して直角に（筋と交差するように）切る。
日本では3、5などの奇数の盛りつけが縁起がよいとされる

酢締め ═ 塩5％で20〜40分

200gの魚で粗塩を小さじ2。塩で締める時間は、小さい魚で20分、
大きい切り身で40分。酢につける時間もそれぞれ同じに

新鮮な魚の見つけ方

　魚が新鮮かどうかを素人が見極めるのはとても難しい。目が澄んでいること、エラが鮮やかな赤であること……などが新鮮な魚の条件としてあげられますが、わかりにくいものです。一般に、魚の流通は卸の方が市場で見極めたものが、最終的にはスーパーやデパート、小売店の店頭に並びます。不思議なことに、大きくて安心できそうなスーパーやデパートだから、必ずしもおいしいということはありません。小さな魚屋さんで、毎日たった5種類くらいの魚しか売っていないようなところでも、驚くほどおいしい魚に出会うことがあります。それは売っている人の"目利き力"が高いからだと思います。小さなところはこちらのわがままも聞いてくださり、「三枚におろして、半身はお刺身に、半身は塩焼き用に切ってください」というと、そのようにさばいてくれます。ですので、私がスーパーを選ぶ最大の決め手は、家から少しでも近いかということではなく、魚や肉、野菜が本当に新鮮でおいしいか？　ということになります。元気に楽しく食事ができるのは、決して永遠のことではありません。だから魚1尾も、ちゃんと吟味して買いたいなぁ、と思います。ぜひ、"目利き力"のあるスーパーや小売店を見つけてくださいね。

刺身 — 筋に逆らって、3切れ5切れ

旬の刺身をいつでもどこでも手に入れられる私たちは幸せです。
新鮮なおいしい刺身があったなら、特別な調理をしなくても、
お店の味を楽しむことができます。
そして刺身はさくで買ってきて、食べる直前に切るのが一番おいしい。
切った断面からすぐに劣化していくからです。
だから、よく切れる包丁を1本、持っておくことが大事です。
刺身だけでなく切り方で料理の味は変わるので、
できれば片刃の日本包丁を1本用意しましょう。
また、切った刺身を何切れ盛りつけるか、知っておくことも大切です。
中国は偶数を好みますが、
日本では3切れ、5切れなどの奇数が縁起がよいとされています。
小さな決まりごとですが、知らないより知っていたほうがちょっといい。
さくで扱いやすいのはまぐろ、鯛、かんぱち、サーモン、かつお、
ひらまさ、はまち、ひらめなどです。
白い筋のあるさくは、筋に沿って切ると口に入れたときに筋が残るので、
筋に対して直角に(筋と交差するように)切ります。
また、これは日本独特の手法ですが、刺身の場合、
包丁は押して切るのではなく、手前に「引いて」切ります。
繊維を壊さないようにすると同時に、最高の味を引き出す手法なのです。
刺身はしょうゆとわさびで食べるのはもちろん最高ですが、塩やからし、ゆずごしょう、
塩とオリーブオイルなども合います。
たまには目先をかえて試してみてください。

まぐろの刺身

・・・材料(2~3人分)・・・

まぐろ(刺身用)・1さく(約150g)
粗塩、しょうゆ、おろしわさび、すだち・各適宜

1 まぐろはキッチンペーパーで表面の余分な水分をふき取る。
2 まな板の手前のほうにまぐろを置き、筋に逆らって(筋に対し90度の角度になるように)包丁を引いて一気に切る(平造り)。
3 1人分を3切れ、または5切れずつうつわに盛りつける。好みで、粗塩とすだち、しょうゆとおろしわさびなどと食べる。

酢締め

二　塩5%で20〜40分

酢締めは作るのが面倒かな、と思われがちですが、
一度やってみたら実はいたって簡単。
刺身用のさば、いわし、あじ、さんま、さより、こはだ、えぼ鯛などに
塩をふり、酢につけ込むだけです。
魚は三枚におろします（面倒な方は魚屋さんにお願いしましょう）。
魚の重さの5％程度の粗塩をふります。
さば半身1枚（約200g）で小さじ2が目安。
いわしやあじなどの小さい魚は、20分ほど塩で締めてから流水で洗い、
さらに20分、酢につけます。
さばなどの大きい切り身なら、身が厚いので40分ほど塩で締め、
その後40分、酢につけるのが目安です。
家で作る酢締めは格別です。まずは挑戦してみましょう。

さばの酢締め

・・・材料（3～4人分／作りやすい分量）・・・

さば（刺身用・三枚におろしたもの）・½尾（約200g）
粗塩・小さじ2
米酢・カップ1程度
しょうゆ、おろししょうが・各適宜

1 さばは粗塩を全体にたっぷりとまぶす。皮目を下にしてバットに入れ、40分ほど室温におく。出てきた水分が身につかないように、バットの下に割り箸を置いて、少しななめにしておく。
2 さばを流水でよく洗い、さらに水分を抜くために、酢少々（分量外）をかける。
3 骨を骨抜きで抜く。
4 さばの水けをよくふき取り、バットに皮目を下にして入れる。酢をひたひたに注ぎ、キッチンペーパーをかぶせて40分ほど冷蔵庫でつける。
5 さばは酢をふき取ってからラップで包み、冷蔵庫に入れる。食べる直前に手でさばの薄皮をむく。
6 好みの大きさに切り、うつわに盛る。しょうがとしょうゆのほか、塩とオリーブオイル（分量外）で食べるのもおいしい。

memo1：まろやかにしたいときは、プロセス2でさばの下に昆布（10cm角1枚）を敷く。もしくは、酢に砂糖大さじ1を加えてもよい。
memo2：薄皮は頭側から尾側に向かって引くと簡単にむける。
memo3：（左写真の切り方）さばの身に横に浅い切り目を入れる。8本ほど入れたら、8mmほどの厚さに切る。

ポン酢カルパッチョ

ポン酢とオリーブオイルを1:1で混ぜたものをソースにしたカルパッチョです。
まぐろ、サーモン、鯛、ぶり、かんぱち、かつお、
帆立て貝柱や生のえびも合います。
そのままでもよいけれど、きゅうりやあさつき、しょうが、セロリ、
みょうがを細かく切って上にのせると美しい仕上がりに。
また、まぐろやかつおは少しあぶったり、焼いてからさくを切っても風味が出ます。
刺身に粗塩を重さの1.5%程度ふるのが、旨みを引き出すポイントです。

あぶりまぐろとアボカド

・・・材料（2人分）・・・

まぐろ（刺身用）・1さく（約160g）
アボカド・½個
粗塩・小さじ½
ポン酢ソース
　ポン酢・大さじ2
　オリーブオイル・大さじ2
にんにくの薄切り・½かけ分
ハラペーニョ（または青唐辛子）
　・½本
あさつきの小口切り・適量

1　ポン酢ソースの材料は混ぜ合わせる。
2　アボカドは縦に5mm幅に切る。ハラペーニョは種を除き、ごく薄切りにする。フライパンにオリーブオイル（分量外）とにんにくを入れて、弱火にかける。にんにくがパリッとしたら取り出す。
3　まぐろはキッチンペーパーで表面の水けをふき取り、粗塩をふる。
4　フライパンを弱火で温め、まぐろを焼く（油は不要）。各面を10秒ずつ焼き、少し色をつける。粗熱がとれたら7mm厚さに切る。
5　うつわにまぐろとアボカドを盛り、塩少々（分量外）を全体にパラパラとふる。2のにんにく、ハラペーニョをのせる。ポン酢ソースをかけ、あさつきを散らす。

にんにくカルパッチョ

刺身は、しょうゆとわさびで食べる以外に、**熱々のオイルをかけて、半生にして食べる**のもおすすめです。
刺身ならば、鯛、いさき、あじ、すずき、おこぜ、サーモン、さんま、まぐろ、かわはぎ、ひらめ、金目鯛、かつお、ひらまさ、かんぱち、はまち、いなだ、そのほか、いかやたこ、えび、帆立て貝柱などがよく合います。
しょうゆの代わりにナンプラーを使ったり、最後にすだちやレモン、黒こしょうや赤唐辛子、粉山椒、ゆずごしょうをかけてもおいしい。
味のアクセントとして、長ねぎ、青じそ、芽ねぎ、きゅうり、しょうが、みょうがも合います。
かけるオイルはごま油やオリーブオイルがおすすめです。

鯛のカルパッチョ

・・・材料（2人分）・・・

鯛（刺身用）・1さく（約120g）
カルパッチョソース
　オリーブオイル・大さじ1½
　にんにくの薄切り・1かけ分
粗塩・小さじ⅓
しょうゆまたはナンプラー・小さじ½
あさつきの小口切り・適量

1 鯛の刺身は薄切りにする。
2 盛りつけるうつわに粗塩の½量をパラパラッとふり、鯛を盛りつける。残りの塩は上からふる。
3 フライパンにオリーブオイルとにんにくを入れ、中火にかける。にんにくがパリッとしたら取り出して鯛にのせ、熱した油を上からかける。最後にしょうゆをかけ、あさつきを散らす。

和える

野菜をおいしく、たくさん食べられる
「和えるルール」をまとめてみました。
これだけあれば、いろいろな野菜を試せるはず。
野菜は旬のものでアレンジを。
野菜オンパレードな毎日をお過ごしください。

レシピいらず！の和えるルール

ごま和え ＝ 3：1：1
片手ひとつかみの野菜（100〜120g）で、ごま大さじ3、しょうゆと砂糖各大さじ1

おかか和え ＝ オール1
片手ひとつかみの野菜（100〜120g）で、削り節1パック（4〜5g）、しょうゆ大さじ1

白和え ＝ オール1
豆腐カップ1（⅔丁／約200g）に対し、練り白ごま大さじ1、薄口しょうゆと砂糖各小さじ1、粗塩ひとつまみが目安

塩ゆでおひたし ＝ 1ℓに塩小さじ2
湯1ℓに粗塩小さじ2を入れてゆでる

揚げびたし ＝ オール1
酢、しょうゆ、酒、砂糖、水、すべて1の配合。
作りやすい分量は各カップ½。さっと煮立たせる

すし酢の合わせ酢 ＝ 2：1＋氷
2〜3人分なら、すし酢大さじ2に米酢大さじ1と氷1個

土佐酢 ＝ 1：2：4
薄口しょうゆ1：米酢2：だし4の配合。削り節、昆布、砂糖と粗塩を加えて、さっと煮立たせる

甘酢 ＝ 1：1
酢と砂糖は同量。2〜3人分なら、米酢と砂糖各大さじ4

すし酢ピクルス ＝ 1：1
すし酢と酢は同量。作りやすい分量は各カップ½。一度沸騰させる

ごまドレッシング ＝ 1：1：1
すし酢、ごま油、いりごま、すべて同量の配合。
2〜3人分なら、各大さじ2を混ぜ合わせる

わさびドレッシング ＝ オール1
すし酢大さじ1、マヨネーズ大さじ1、チューブタイプのわさび1cm分が基本の配合

ツナドレッシング ＝ 1：1＋1缶
作りやすい分量は、すし酢とマヨネーズ各大さじ2にツナ缶1個（80g）。よく混ぜ合わせる

ごま和え

= 3:1:1

ゆでたり、蒸したり、揚げたりした食材に、
ごまをベースとした調味料で和えるごま和え（ごまよごし）は、
日本の食卓に香ばしい刺激を与えてくれる存在。
覚えやすい配合は「すりごま3：しょうゆ1：砂糖1」です。
この目安をもとに、ごまの種類を替えたり、
ごまの量をかげんしたりして好みの味を見つけましょう。
いりごまをすり鉢ですったり、すりごまを電子レンジで加熱したりすると
さらに香り高くなります。また、素材本来の色を生かしたければ、
濃口しょうゆの代わりに薄口しょうゆ、粗塩を使うのもおすすめです
（しょうゆを大さじ1使うときの同じ塩分比率は粗塩で大さじ⅓程度）。
ごま和えには、さやいんげん、オクラ、にんじん、ごぼう、ゴーヤ、
春菊、里いもなども合います。

ブロッコリーのごま和え

・・・材料（2～3人分）・・・

ブロッコリー・½個
粗塩・適量
和え衣
　すり白ごま・大さじ3
　しょうゆ・大さじ1
　砂糖・大さじ1

1 ブロッコリーは小房に分ける。粗塩を加えた熱湯（湯1ℓに粗塩小さじ2を目安に）で柔らかめにゆで、ざるに上げて水けをきる。
2 和え衣を作る。すりごまと砂糖は耐熱容器に入れ、電子レンジで1分ほど加熱してごまの香りを引き出す。しょうゆを加え、混ぜ合わせる。
3 ブロッコリーが熱いうちに2に加え、和える。うつわに盛り、好みでいり白ごま（分量外）をふる。

memo：しょうゆの代わりに粗塩小さじ½でもよい。

おかか和え

二 オール1

調理された食材を、かつおの削り節としょうゆで和えるのが
おかか和え（土佐和えともいいます）。
調理しやすい比率は、**削り節1パック（4〜5g）**に、**しょうゆ大さじ1**という分量。
ここに好みでみりん大さじ1を加えたり、梅干し1個をたたいて加えたりします。
からしや粉山椒、ゆずごしょう、ごま油、マヨネーズなどを加えて
アレンジをすることも可能です。おかか和えは、どんな野菜でも合いますよ。

さやいんげんのおかか和え

・・・材料（2〜3人分）・・・

さやいんげん・12本（約100g）
粗塩・適量
和え衣
　削り節・1パック（4〜5g）
　しょうゆ・大さじ1
　ゆずごしょう・小さじ1/4

1　さやいんげんは筋があれば除き、ななめ半分に切る。粗塩を加えた熱湯（湯1ℓに粗塩小さじ2を目安に）でゆで、ざるに上げて水けをきる。
2　ボウルに和え衣の材料を入れ、ゆずごしょうを加えてよく混ぜる。
3　いんげんが熱いうちに2に加え、和える。
4　うつわに盛り、削り節（分量外）をかける。

オール1

白和え

豆腐と練り白ごまに、砂糖や粗塩、薄口しょうゆを合わせたものに、
ゆでたり、揚げたりした食材を和えたものが白和えです。
上品で洗練された味わいで、色も白いので食卓が華やかになります。
白和えの衣の目安は「豆腐カップ1（2/3丁／約200g）に対し、練り白ごま大さじ1、
薄口しょうゆと砂糖各小さじ1、粗塩ひとつまみ」となります。
しょうゆの代わりに白みそ小さじ1を加えたり、
すり白ごまを小さじ1加えてもおいしい和え衣になります。
香りづけにゆずの皮やわさび、ゆずごしょうを混ぜるのもおすすめです。
白和えと相性のよい野菜は、にんじんとほうれんそうのほか、
春菊、小松菜、水菜、ブロッコリー、ゴーヤ、オクラ、アスパラガス、せり、れんこん、
きのこ類、そして柿や梨など、水けが多くなければなんでも合います。
また、こんにゃくや豆類、じゃこ、ささ身などを加えると食感が変わり、ボリュームも出ます。
おいしく作るポイントは、豆腐の水きりです。豆腐は重石をのせて20〜30分おくか、
電子レンジで加熱して（豆腐カップ1で2分が目安）、しっかり水けをきってから使いましょう。
また、豆腐の種類は絹ごし豆腐を使うと、より柔らかい口当たりになります。
調味料を合わせるときは、すり鉢かフードプロセッサー（ミルサーでも）が便利。
食材と混ざりやすくなり、仕上がりも違います。

にんじんとほうれんそうの白和え

・・・材料（2〜3人分）・・・

にんじん・2/3本
ほうれんそう・1/3束（50g）
粗塩・適量
白和え衣
　　絹ごし豆腐・2/3丁（約200g）
　　練り白ごま・大さじ1
　　すり白ごま（好みで）・小さじ1
　　薄口しょうゆ・小さじ1
　　砂糖・小さじ1
　　粗塩・ひとつまみ

1　にんじんは皮をむき、5cm長さに切ってから薄切りにして、マッチ棒くらいの太さに切る。
2　粗塩を加えた熱湯（湯1ℓに粗塩小さじ2を目安に）で、まずはにんじんを5〜6分ゆでる。ここにほうれんそうを加え、さっと煮たら、ざるに上げて水けをきる。ほうれんそうは絞ってから、4等分する。
3　白和え衣を作る。豆腐は耐熱皿にのせ、電子レンジで2分加熱して水きりする。残りの材料とともに、すり鉢でするかフードプロセッサーにかけてよく混ぜる。
4　ボウルに3の和え衣を入れてにんじん、ほうれんそうを加え、和える。

塩ゆでおひたし

＝ 1ℓに塩小さじ2

日本は水がいいから、野菜がおいしい。
そしておいしい水だから、野菜をおいしくゆでることができるのです。
おひたしは、野菜のゆで方にコツがあります。
ポイントは1ℓの湯に粗塩小さじ2を入れて、
根元や茎などの固い部分からゆでること。
また、大きめのボウルに氷入りの水を用意しておき、
ゆで上がった野菜をすぐに冷やすことも大切です。
こうすることで野菜の美しい色をキープできます。
野菜は、なんでも合います。春菊、菜の花、根三つ葉、せり、
にら、クレソン、オクラ、アスパラガス、ブロッコリー、
ピーマン、なす、グリーンピースなど
旬の素材で作ってみてください。
また、水けをきるときは、しょうゆを小さじ1ほどかけてから
ぎゅっと絞ると、ほどよい下味がつきます。
わさびやおろししょうが、青じそ、からしなどを加えてもおいしいですよ。

おいしい枝豆のゆで方

枝豆の塩ゆで ＝ 1ℓに塩大さじ2

青菜と違って、枝豆は塩を含みにくいので、1ℓの湯に対して、粗塩大さじ2が目安です。まず、産毛を取るために、粗塩（分量外）をたっぷり手にとって枝豆をもみ、流水で洗います。沸騰した湯に塩を入れ、3分30秒〜4分30秒ゆでてざるに上げて粗熱をとります。水にさらさないこともポイントです。

ほうれんそうのおひたし

・・・材料（2人分）・・・
ほうれんそう・½束（100g）
削り節・½パック（2〜3g）
しょうゆ・小さじ2
粗塩・適量

1 ほうれんそうは粗塩を加えた熱湯（湯1ℓに粗塩小さじ2を目安に）で1〜2分ゆで、冷水にとる。水けを軽く絞ってしょうゆ小さじ1（分量外）をかけ、もう一度絞ってしっかり水けをきる。
2 ほうれんそうを5cm長さに切る。
3 うつわに盛りつけて削り節をふり、しょうゆをかける。

揚げびたし ＝ オール1

野菜の揚げびたしは、見た目に鮮やかで食欲がわく一品。
野菜をそのまま素揚げして、たれにつけ込むだけの簡単さですから、
どなたでも作ることができます。
揚げびたしのたれの配合は「酢、しょうゆ、酒、砂糖、水、すべて1」。
ここに昆布を加えてさっと煮立てたものに、なす、パプリカ、ピーマン、アスパラガス、
さやいんげん、万願寺唐辛子、オクラ、ズッキーニ、芽キャベツ、ごぼう、れんこん、
かぼちゃ、さつまいも、きのこ類などを揚げてからすぐにひたします。
好みでおろししょうがやおろし大根、青じそ、ねぎ、七味唐辛子、
削り節などをかけても。作りたての温かいものもおいしいですが、
冷蔵庫で冷やしたものも味がしみておいしく、おもてなしの前菜としても最適の一品です。
仕上がりの色が淡いほうが好みであれば、薄口しょうゆを使いましょう。

いろいろ野菜の揚げびたし

…材料（3～4人分／作りやすい分量）…

なす・2～3個
パプリカ(赤)・1個
さやいんげん・8本
たれ
　米酢、しょうゆ、酒、砂糖、水・各カップ½
　昆布・10cm角1枚
揚げ油・カップ1程度

1 鍋にたれの材料を合わせて火にかける。ひと煮立ちしたら火を止め、バットなどに移す。
2 なすはへたを除いて縦半分に切り、皮に細かく浅い切り込みを入れる。パプリカは半分に切ってから、へたと種を取り、8等分に切る。いんげんはへたを取る。
3 油を170度に熱し、野菜を素揚げする。表面の色が鮮やかになればOK。
4 野菜が熱いうちに1のバットに加え、味がなじむまで10分以上おく。

memo1：多めに作って、余ったら冷蔵庫で冷やして翌日食べるのもおすすめ。
memo2：うどんやそうめんにのせるのもおすすめ。

和える 111

すし酢の合わせ酢

二　2：1＋氷

酢の物が苦手という方もいますが、たれをマイルドにしたら、
子どもから大人まで人気の酢のものになりました。
スピーディーに作りやすく、活用の幅が広いのが、すし酢を活用した合わせ酢です。
すし酢には昆布や塩、砂糖が入っているので、基本の配合は、
「すし酢2：米酢1」で混ぜるだけです。
あとは**食材を冷やして味をマイルドにするために氷を1個**、
風味づけの薄口しょうゆを少しだけ加えてみてください。
ほうれんそうや春菊、水菜といった青菜類、しいたけやしめじ、
えのきだけなどのきのこ類、大根やかぶ、
きゅうり、みょうが、セロリ、オクラ、さやいんげん、
トマト、長いもなども相性がよい食材です。

春菊としめじ、かにかまの酢の物

・・・材料（2〜3人分）・・・

春菊・½束（100g）
しめじ・½パック（40g）
かに風味かまぼこ・3本（50g）
粗塩・適量
合わせ酢
　すし酢・大さじ2
　米酢・大さじ1
　氷（大きめのもの）・1個
薄口しょうゆ・小さじ¼

1　春菊は長さを3等分に切り、葉と軸を分けておく。しめじは石づきを取ってほぐす。かに風味かまぼこは手でさく。
2　粗塩を加えた熱湯（湯1ℓに粗塩小さじ2を目安に）に、春菊の茎、しめじ、春菊の葉の順に入れてゆで、ざるに上げる。粗熱がとれたら春菊の水けを絞る。
3　合わせ酢の材料をボウルに入れて混ぜ合わせ、しょうゆを加える。春菊としめじ、かにかまを加えて和える。
4　うつわに盛り、せん切りにしたしょうが（分量外）をのせる。

土佐酢 ＝ 1:2:4

昆布や削り節を活用して、マイルドな味わいになる土佐酢。
実は私が一番好きで、かつアレンジすることの多いものです。
基本の配合は「薄口しょうゆ1：米酢2：だし4」。
この配合を目安として、粗塩や砂糖を加えて好みの味に調整します。
酢の量が少なめで、さっと煮立てるので、
酢のものがあまり好きでない方にも好まれる味わいです。
土佐酢は「すし酢の合わせ酢」のところにある野菜類も合いますが、
たこ、かに、小えび、なまこ、もずくといった魚介類などもおすすめです。

きゅうりとわかめの土佐酢和え

・材料（2～3人分）・

きゅうり・2本
塩蔵わかめ・カップ⅓
みょうが・3個
しょうが・1かけ

土佐酢
薄口しょうゆ・カップ¼
米酢・カップ½
水・カップ1
削り節・1パック（4～5g）
昆布・8cm角1枚
砂糖・ひとつまみ
粗塩・ひとつまみ

1　鍋に土佐酢の材料をすべて入れ、中火にかける。沸騰したら火を止め、そのまま冷めるまでおく。ざるにキッチンペーパーを敷いてこす。
2　わかめはたっぷりの水でもどし、ざく切りに。きゅうりは薄切りにして塩もみ（分量外）し、水けを絞る。
3　ボウルにきゅうりを入れ、土佐酢を適量かけて和える。わかめ、みょうがも同じ要領でそれぞれボウルに入れ、土佐酢を適量加えて和える。
4　うつわに盛り合わせて、残った土佐酢をかけ、せん切りにしたしょうがとみょうがをのせる。

和える　113

甘酢

= 1:1

紅白なますや菊花かぶなど、酢の物というより、
ちょっとした箸休めといった感じで楽しむことができる甘酢です。
基本の配合は、「酢1：砂糖1」。
大根やにんじん、かぶ、きゅうり、パプリカ、セロリ、さっとゆでたれんこんなどを
甘酢につけ、好みでゆずの皮や七味唐辛子を入れて風味をプラスします。
ツンとした酸味が苦手な方は、酢、砂糖、水を同量にして、
さっと煮立たせると柔らかい味になります。

紅白なます

···材料（2～3人分）···

大根（大きめのもの）・5cm
にんじん・5cm
粗塩・適量
甘酢
　米酢・大さじ4
　砂糖・大さじ4
赤唐辛子・1本
ゆずの皮のせん切り・適量

1 大根とにんじんは皮を厚めにむき、ごくごく薄切りにしてからせん切りにする。粗塩（野菜100gに対して粗塩小さじ½を目安に）をふり、しんなりするまでおく。
2 ボウルに甘酢の材料を混ぜ合わせる。赤唐辛子、ゆずの皮を加える。
3 大根とにんじんの水けをよく絞って甘酢に加え、和える。

memo：すぐに食べてもおいしいが、冷蔵庫で3～4日はもつ。

すし酢ピクルス

1:1

すし酢を活用すると、ものすごく簡単にピクルスやガリを作ることができます。基本の配合は、「すし酢1:酢1」。塩も砂糖も加える必要はありません。

すし酢以外の酢で合わせるものとしては（マイルドな順に）、**りんご酢、米酢、白ワイン酢、シェリー酢**などがおすすめです。

しょうが、きゅうり、にんじん、カリフラワー、玉ねぎ、みょうが、セロリ、オクラ、パプリカ、青いトマト、アスパラガス、れんこんなどの野菜をさっと煮立てて水分を少しとばし、水けをよくきります。

密閉容器に入れてピクルス液でつけ込むだけで、おいしいピクルスに。

ピクルス

…材料（4〜6人分／作りやすい分量）…

カリフラワー・1/2個
にんじん・1本
ピクルス液
　すし酢・カップ1/2
　好みの酢・カップ1/2

1 カリフラワーは小房に分ける。にんじんは皮をむき、拍子木切りにする。
2 鍋にピクルス液の材料を合わせ、1を入れて強火にかける。沸騰したら弱火にして1分ほど煮る。火を止め、ふたをして、余熱で野菜に火を通す。粗熱がとれたら冷蔵庫に入れ、冷えたらでき上がり。

memo：冷蔵庫で2週間ほど日もちするので、多めに作るのがおすすめ。

ごまドレッシング

= 1:1:1

私のサラダドレッシングのベースはすし酢です。
すし酢1に対し、同じ比率のごま油、オリーブオイル、マヨネーズ、
ポン酢などと混ぜ合わせて、違う種類のドレッシングを作っていきます。
こちらは和風代表のドレッシングです。
基本の配合は、「すし酢1：ごま油1：いりごま1」。
このままでも十分おいしいですが、こちらを目安として、
お好みでしょうゆやゆずごしょう、豆板醤少々を加えると
また違ったさっぱり系のドレッシングになります。
レタス、にんじん、いんげん、オクラ、大根など、
いろいろな野菜と合わせてほしい。
わかめや豆腐、ゆで鶏などにかけても。

キャベツときゅうりのサラダ

・・・材料（2～3人分）・・・

キャベツのせん切り・カップ3
きゅうり・½本
粗塩・小さじ¼
紫スプラウト・½パック

ごまドレッシング
すし酢・大さじ2
ごま油・大さじ2
いり白ごま・大さじ2
薄口しょうゆ・小さじ⅓

1 きゅうりはななめ薄切りしてからせん切りにする。
2 キャベツときゅうりをボウルに入れ、粗塩をふって軽くもむ。出てきた水けは絞る。
3 ごまドレッシングの材料としょうゆ、紫スプラウトを2のボウルに加え、全体を混ぜ合わせる。

おいしいサラダのポイント

使う食材の水分をしっかりきることがポイントです。野菜がたっぷり摂れるサラダは毎日でも食べたいもの。バリエーションをつけて楽しみましょう。生でおいしいのは、レタス類、春菊、水菜、ルッコラなどの葉物類、トマト、きゅうり、セロリ、かぶ、大根、にんじん、アボカド、長いも、そしてみょうがや三つ葉、玉ねぎ、青じそなどの香味野菜。豆腐、ひじき、豆類もおいしい相方です。さらに、れんこんやごぼう、じゃがいも、さつまいも、かぼちゃ、さやいんげん、オクラ、きのこ類をゆでたものが加わると、食べごたえもアップします。ほかには、スモークサーモン、しらす、たこ、えび、ちくわなどや、のり、ごまなどを混ぜると、味わいも食感も豊かになります。

オール1

わさびドレッシング

きゅうりとちくわのサラダ

わさびドレッシングは、
**「すし酢大さじ1：マヨネーズ大さじ1：
チューブタイプのわさび1cm分」**が基本の配合。
このドレッシングには、いんげん、
れんこん、オクラ、じゃがいも、パプリカ、
にんじん、きゅうり、何を和えても
意外と受け止めてくれます。
わさびの代わりにゆずごしょうを混ぜるのも
おすすめです。

・・・材料（2～3人分）・・・

きゅうり・1本
ちくわ・1本
わさびドレッシング
　すし酢・大さじ1
　マヨネーズ・大さじ1
　チューブタイプのわさび
　・1cm分

1　きゅうりは薄切りにして粗塩少々（分量外）をふる。ちくわも薄切りにする。
2　ボウルにわさびドレッシングの材料をよく混ぜ合わせる。
3　水けを絞ったきゅうりとちくわを2のボウルに加え、和える。

ツナドレッシング

= 1：1＋1缶

「すし酢1：マヨネーズ1＋ツナ缶1個」という配合でツナドレッシングができます。
レタス、きゅうり、トマト、キャベツ、みょうが、大根、アボカド……
生の野菜だけでなく、ゆで野菜やゆでた鶏肉や豚肉も合います。

大根とにんじんのツナサラダ

材料（2～3人分）

- 大根・10cm
- にんじん・10cm
- 粗塩・小さじ¼
- 青じそ・5枚

ツナドレッシング
- ツナ缶・1個（80g）
- すし酢・大さじ2
- マヨネーズ・大さじ2
- ゆずこしょう・小さじ⅓

1. 大根とにんじんは皮をむいてせん切りにしたら、ボウルに入れる。塩を加えて軽くもみ、水けを絞る。
2. ツナドレッシングの材料とゆずこしょうをボウルに入れ、混ぜる。1を加え、全体を混ぜ合わせる。
3. うつわに盛り、青じそをせん切りにしてのせる。

レシピいらず！の ご飯, 麺, 汁もの ルール

おにぎり ═ 110gで1g
子ども用茶碗1杯分のご飯（110g）に、3本の指に
粗塩をつけること2回（1g）でにぎる。7回を目安に

焼きおにぎり ═ 弱火で13分
焼き目がついたら、しょうゆだれをつける。13分かけてじっくり焼く

炊き込みご飯 ═ 2合で2：1：1
米2合に対して水2合（360㎖）、酒大さじ2、粗塩小さじ1、しょうゆ小さじ1。
具材を加えるときは、野菜ならカップ1、肉や魚ならカップ½

酢飯 ═ 2合で2：2：3
2合のご飯に対して、粗塩小さじ2、砂糖大さじ2、酢大さじ3

づけ丼 ═ 2：2：3
酒2：みりん2：しょうゆ3という配合のづけだれ。
6～10切れの刺身で、酒とみりん大さじ2、しょうゆ大さじ3

丼 ═ さみし同量と砂糖半分　水3倍
同量の酒とみりん、しょうゆに、半分の砂糖、3倍の水を合わせたたれで具材を煮る

オムライス ═ ライスはオール1
1人分の場合、バター大さじ1でトマトケチャップ大さじ1、しょうゆ小さじ1、
粗塩ひとつまみで味つけしたご飯を炒める

スパイシーカレー ═ 市販のルウ＋5種のスパイス
コリアンダー、クミン、カルダモン、チリ、ガラムマサラなどの5種類が決め手

関東風そばつゆ ═ 5：1：1
しょうゆ5に対して、みりんと砂糖は1で合わせる。
ざるそばは4倍のだしで、汁そばは8倍のだしを加える

うどんつゆ ═ カップ4でオール1
カップ4のだしに対して、粗塩と砂糖は小さじ1、
薄口しょうゆは大さじ1

みそ汁1人分 ═ だしカップ1＋野菜片手分＋みそ大さじ1
だしカップ1に対して、具となる野菜は片手ひとつかみ分
（100～120g）、みそは大さじ1

すまし汁1人分 ═ だしカップ1＋粗塩小さじ¼
　　　　　　　　　＋しょうゆポトリ
だしカップ1に対して、粗塩は小さじ¼、
しょうゆは風味づけにポトリと落とす

おにぎり ＝ 110gで1g

おにぎりの塩かげんに迷ったら、「110gで1g、そしてラッキー7」と思い出してください。
手のひらにこんもりとのる量（子ども用の茶碗に1杯分／約110g）のご飯に、
3本の指を軽く水でぬらして粗塩をつけ、手のひらに2回（1個に対して小さじ1/5、
1gが目安）つけて、ご飯をにぎるというイメージです。
多いと感じるかもしれませんが、これくらいの塩けがあるほうがお米のおいしさが引き立ちます。
また、**にぎる回数は7回を目安に、ふんわりやさしくが基本。**
コンビニのおにぎりのようにきっちりした三角形に整えるより、
ちょっとぶかっこうなくらいが、おにぎりはおいしいと思います。
塩むすびではなく、中に具を入れるときや味つけのりや高菜などで巻くときは、
ご飯につける粗塩の量をかげんしましょう。
白飯のおにぎりは、どんな具材も受け止めますが、にぎりやすい具は、鮭、焼きたらこ、
明太子、昆布のつくだ煮、おかか、梅干し、マヨネーズで和えたツナなど。
じゃこやしらす、ごまや刻んだ青菜など、ご飯自体に具材を混ぜるのもおいしい。
おにぎりにはやっぱり卵焼き、そして漬物が添えてあると幸せですね。

塩むすび

・・・・材料（2個分／基本の分量）・・・

ご飯（温かいもの）・茶碗2杯分（約220g）
粗塩・小さじ2/5
たくあんなどの漬物・適宜
卵焼き・適宜

1 ボウルに手水（＝手につける水）を用意する。粗塩を適量、小皿に入れておく。
2 両手のひらを手水で軽くぬらす。3本の指の先に塩をつけ、両手のひらに薄くのばす。もう一度指に粗塩をつけ、同様にする。
3 茶碗1杯分のご飯を手のひらにのせ、方向をかえながら軽く7回ほどにぎり、三角形に整える。もう1個も同様ににぎる。
4 うつわに盛り、好みで漬物、卵焼きなどを添える。

焼きおにぎり

二　弱火で13分

焼きおにぎりは、子どもたちにどれだけ作ったかわかりません。なので、自称「焼きおにぎり名人」です。
おいしく作るポイントは、フライパンで焼くこと。
じっくり時間をかけて作ることです（これも13分マジックです）。
たれは最初に塗ってはいけません。
おにぎりがバラバラになってしまうのです。
じっくりゆっくり作ってみてください。

焼きおにぎり

・材料（2個分）・・

ご飯（温かいもの）・茶碗2杯分（220g）
粗塩・小さじ1/6
ごま油・小さじ1/6
焼きおにぎりだれ
　しょうゆ・大さじ1/2
　砂糖・小さじ1/6

1 P123を参照しておにぎりを2個作る。
2 焼きおにぎりだれの材料は混ぜ合わせる。
3 フライパンを中火で熱してからごくごく弱火にし、ごま油をうっすらとひく。おにぎりをのせ、上下を返しながら10分ほど焼く。
4 たれをはけで両面に塗り、さらに3分ほど焼いて香ばしさを出す。

memo1：たれを早い段階で塗るとご飯がくずれやすくなるので注意。
memo2：多めに作って、冷凍しておくのもおすすめ。

ライスバーガー

発明ってすばらしいな、と感じたのがライスバーガーです。
みんな大好きな焼きおにぎりとハンバーグを組み合わせただけ……
なーんだ、と思うことかもしれないけれど、
最初に組み合わせて商品化した方は発明家です。
家庭料理も同じです。
みんなが大好きなものを組み合わせてみる。喜ばれる。またやってみる。
その繰り返しがつながると、みんなの人生になります。
ライスバーガーの作り方ですが、基本はP124の「焼きおにぎり」を
バンズ形に焼いて、P35の「13分ハンバーグ」を挟むだけ。
間にはトマトケチャップとたっぷりのマスタード、レタスを。

炊き込みご飯

ニ　2合で2：1：1

炊き込みご飯を作るたびに、いろいろな配合を考えるのは大変です。
そこで編み出したのがこの配合。味つけは、**2合の米に対して、**
「水2合（360㎖）、酒大さじ2、粗塩小さじ1、しょうゆ小さじ1」。
具材は、野菜ならカップ1、肉や魚を加えるなら、
その半量（約カップ½／あさりなどの殻つきはカップ1）」を目安に加えます。
炊き込みご飯に合う野菜は、単品で炊くなら、山菜や竹の子、
グリーンピース、そら豆、とうもろこし、栗などは旬の時期にぜひ作りたい食材。
秋なら、まいたけ、しめじ、えのきだけなどのきのこ類、ぎんなんなど。
干ししいたけやひじき、ごぼう、油揚げはいつでもいい合いの手となります。
肉や魚介類は幅広く、鶏肉、豚肉、牛肉、ひき肉に、鯛、鮭、鮎、さんま、
たこ、かき、あさり、帆立て貝柱、かに、えび、桜えび、じゃこなど、
組み合わせは無限大です。
だし素材として、干えびや干し貝柱も。また、三つ葉、青じそ、
しょうが、ごま油、赤唐辛子などはいいアクセントになります。
炊き込みご飯は、だしで炊いてもよいですが、
肉や魚が入るときはだしをとる必要はありません。
野菜だけのときも、水と調味料だけで十分おいしくできます。

あさりとごぼうの炊き込みご飯

・・・材料（3〜4人分／作りやすい分量）・・・

米・2合
あさり（殻つき・砂出ししたもの）・カップ1
ごぼうのささがき・カップ1
炊き込みだし
    だし汁または水・2合（360mℓ）
    酒・大さじ2
    粗塩・小さじ1
    しょうゆ・小さじ1
あさつきの小口切り・適宜

1. 米は炊く30分前にとぎ、ざるに上げる。
2. ごぼうのささがきは水にさらす。
3. 厚手の鍋に米と炊き込みだしの材料を入れる。ごぼうの水けをきって加え、あさりをのせる。ふたをして強火にかけ、沸騰してきたら弱火にして13分炊く。
4. 好みで、炊き上がりにあさつきを散らす。

memo：炊飯器で、「炊き込み機能」に合わせて炊いてもよい。

鯛とねぎの炊き込みご飯

…材料（3〜4人分／作りやすい分量）…

米・2合
鯛の刺身（薄切りにしてあるもの）・100g
長ねぎの薄切り・カップ1
炊き込みだし
 水・2合（360ml）
 酒・大さじ2
 粗塩・小さじ1
 ナンプラー・小さじ1
昆布・10cm角1枚
あさつきの小口切り・適宜

1 米は炊く30分前にとぎ、ざるに上げる。
2 厚手の鍋に米、ねぎ、炊き込みだし、昆布を入れ、一番上に鯛の刺身をのせる。ふたをして強火にかけ、沸騰してきたら弱火にして13分炊く。
3 炊き上がったら昆布を除き、うつわに盛る。好みであさつきを散らす。

memo1：炊飯器で、「炊き込み機能」に合わせて炊いてもよい。
memo2：少しだけ残った刺身を活用して作ってみてください。あじやいさき、金目鯛などでも。

基本をあらためておさらい

Column

【ご飯の炊き方】

おいしいお米をおいしい水で炊きましょう

　おいしいご飯を炊くには、おいしいお米とおいしいお水、この2つが必要です。私が好きな品種は、あきたこまち、ななつぼし、晴天の霹靂、つや姫、コシヒカリなどの米粒がわりとしっかりした味わいのあるものです。温め直してもおいしい、と思うのはコシヒカリとあきたこまちで、買う頻度が高くなります。

　水はとぐときから浄水を使います。米は最初から水をしっかり吸うので、一番はじめからいい水を使うことがとても重要です。そして水の量は、米の品種によって微妙に違うため、まずは一度炊いてみて、次から多めか少なめかを調整していきます。研ぐ具合も水の量も、その品種によって調整することが大事だと思います。

【だしのとり方】

削り節はたっぷりと。惜しみなく使うのがおいしさのコツ

1 カップ4の水に対して、削り節をひとつかみ、10cm角の昆布1枚が目安。

2 鍋に水と昆布を入れる。昆布からだしがしみ出すまで、30〜60分ほどおく。

3 中火にかけ、沸騰直前で昆布を取り出す。小さい泡がふつふつ出てくるくらいで。

4 3の鍋に削り節を加える。吸いもの用か煮物用かで煮る時間を変える。

吸いもの用だしの場合

削り節を加え、沸騰したらすぐに火を止める。削り節が沈んだら、キッチンペーパーなどでこす。だしが濁らないよう、絞らないこと。

煮物用などのだしの場合

削り節を加え、弱火で5分ほど煮て火を止める。削り節が沈んだら、ざるでこす。旨みが大事なので絞ってもよい。

酢飯

= 2合で2:2:3

いろいろな合わせ酢や市販のすし酢で酢飯にトライしてみましたが、
おすすめはこの配合で作った合わせ酢です。
米2合に対して、「粗塩小さじ2、砂糖大さじ2、酢大さじ3（ニーニッサン）」
と覚えます。塩の量が多いように思うかもしれませんが、いい塩梅だと思います。
赤酢を使う場合は、お好みで砂糖、塩の量を少しずつ減らしてみてください。
酢飯の作り方は簡単です。
普通に炊いた熱々のご飯を飯台かボウルに広げ入れ、合わせ酢を回し入れます。
しゃもじで全体を軽く混ぜ、合わせ酢がなじんだらでき上がり。
人肌の少しぬるいくらいの温度がちょうどいいので、冷やす必要はありません。
昆布1枚（約10cm角のもの）を米といっしょに炊くとさらに風味がよくなります。
ちなみに、おすしを作るときのお米は、「つや姫」や「ササニシキ」など、
少しさらっと炊き上がる品種がおすすめです。
お酢はふつうの米酢のほか、ミツカンの「白菊」、「三ツ判山吹」という赤酢、
村山造酢の「千鳥酢」なども相性がいいですよ。

ゆず風味のいなりずし

・・・材料（小さいサイズ20個分／作りやすい分量）・・・

米・2合
水・2合（360mℓ）
昆布・10cm角1枚
合わせ酢
　粗塩・小さじ2
　砂糖・大さじ2
　米酢・大さじ3
油揚げ（小さめのもの）・10枚
ゆずの皮のみじん切り・大さじ2
しょうがのみじん切り・大さじ1

だし
　水・カップ2強
　酒、みりん・各大さじ4
　砂糖・大さじ2

1　米は炊く30分前にとぎ、ざるに上げる。分量の水と昆布を加え、普通に炊く。
2　油揚げは半分に切って、口を開く。鍋にたっぷりの湯を沸かし、油揚げを入れたら弱火にして10分ほどゆでる。ざるに上げ、粗熱がとれたら水けを絞る。
3　鍋にだしの材料と油揚げを入れる。上にキッチンペーパーをのせてから火にかける。沸騰したら弱火にし、ふたをして15分ほど煮る。ざるに上げ、汁けをきる。
4　合わせ酢の材料はよく混ぜる。
5　ご飯が炊けたら昆布を除き、飯台またはボウルにあける。合わせ酢を回し入れて軽く混ぜ、ゆずの皮、しょうがを加えて全体を混ぜる。
6　5を20等分し、片手で3回程度ふわっとにぎる。油揚げに詰めて形を整え、端を折って閉じる。残りも同様にする。

memo：たくあんを刻んで入れてもおいしい。

ご飯 131

あじのちらしずし

・・・材料（3～4人分／作りやすい分量）・・・

米・2合
水・2合（360ml）
昆布・10cm角1枚
合わせ酢
　粗塩・小さじ2
　砂糖・大さじ2
　米酢・大さじ3

あじの酢締め
　あじ（皮は残して三枚におろしたもの）・2尾（1尾約160g）
　粗塩・大さじ1
　米酢・カップ1程度
みょうが・3個
すし酢・大さじ3
おろししょうが・大さじ2
青じそ・7～8枚

1. 米はといで30分以上水に浸し、ざるに上げる。分量の水と昆布を加え、普通に炊く。
2. あじの酢締めを作る。あじは両面に粗塩をふり、20分ほど室温におく。流水で洗い、水けをふき取ってバットに皮目を下にして入れ、酢を注ぐ。15分ほど冷蔵庫に入れた後、小骨を骨抜きで抜き、皮をむく。
3. みょうがは縦に薄切りにし、すし酢に浸す。青じそはせん切りにする。
4. 合わせ酢の材料はよく混ぜる。
5. ご飯が炊けたら昆布を除き、飯台またはボウルにあける。合わせ酢を回し入れ、軽く全体を混ぜる。
6. すし飯を大皿に盛りつけ、あじをひと口大に切ってのせる。みょうがの汁けをきり、おろししょうが、青じそとともにのせる。好みでしょうゆとわさび（分量外）で食べる。

づけ丼

= 2:2:3

刺身をたれにつけ込む「づけ」。刺身の種類は赤身でも白身でもなんでも合います。**つけるたれの配合は、「酒2:みりん2:しょうゆ3」**が基本です。
長時間つけ込む必要はありません。さっとつけるだけで十分です。
づけにしておいしいのは、まぐろのほか、かつお、はまち、ぶり、あじ、いわし、サーモンなど。好みでわさびやからし、あさつきなどを添えても。

まぐろのづけ丼

・・・材料（2人分）・・・

酢飯（P130参照）・小さめの丼2杯分
まぐろの刺身（赤身）・6〜10切れ
つけだれ
　酒、みりん・各大さじ2
　しょうゆ・大さじ3
ガリ、刻みのり、いり白ごま、
おろしわさび・各適量

1　つけだれを作る。鍋に酒、みりんを入れて1分ほど中火にかけ、ひと煮立ちさせてアルコール分をとばす。バットなどに移し、しょうゆを加えて混ぜる。
2　まぐろの刺身を入れる。長くつけ込む必要はなく、さっと全体にからめればOK。
3　丼に酢飯をよそい、好みで、ガリをみじん切りにしたものとおろしわさびをのせ、刻みのりを散らす。づけをのせ、ごまをふる。

ご飯

丼 = さみし同量と砂糖半分　水3倍

牛丼

・・・材料（2人分）・・・

ご飯（温かいもの）・丼2杯分
牛薄切り肉・200g
長ねぎ・10cm
しょうがの薄切り・10枚
丼だれ
　酒、みりん、しょうゆ・各大さじ3
　砂糖・大さじ1½
　水・大さじ9（135㎖）
温泉卵（好みで）・2個
紅しょうが（好みで）・少々

牛丼、親子丼、卵丼、豚丼などは、おうちで作ると格別の味です。
基本の配合は「**酒、みりん、しょうゆが同量に、砂糖半分（さみし同量、砂糖半分）**」。
ここに材料と3倍の水を加えて煮れば、おいしい丼の具材ができ上がります。

1　牛肉は6cm幅に切り、長ねぎは1cm幅のななめ切りにする。
2　鍋に丼だれの材料と長ねぎ、牛肉、しょうがを入れて強火にかける。煮立ったら弱火にして、肉と長ねぎに火が通るまで煮る。
3　器にご飯を盛り、2を汁ごとのせる。好みで温泉卵をのせ、紅しょうがを添える。

オムライス

オ ム ラ イ ス ＝ ライスはオール1

オムライスは日々作りたい料理。
だからこそ迷わずに作りたいものです。
まずケチャップライスの作り方は<u>1人分のご飯に対し</u>
<u>「バター大さじ1、トマトケチャップ大さじ1、しょうゆ小さじ1、</u>
<u>粗塩1つまみ」</u>。全部1と覚えましょう。
オムレツを上手に作るのは、簡単ではありません。
でも上手にできたとき、とってもうれしい。
挑戦は人生のスパイスです。

オムライス

・・・材料（1人分）・・・

ケチャップライス
　ご飯・茶碗1杯分
　　（約200g）
　バター・大さじ1
　トマトケチャップ・大さじ1
　しょうゆ・小さじ1
　粗塩・1つまみ
具材
　長ねぎ・5cm
　ハム・1枚

オムレツ
　卵・2個
　粗塩・小さじ1/3
　砂糖・小さじ1/3
　牛乳・大さじ2
　バター・大さじ2
　パセリ・適宜
　トマトケチャップ・適宜

1 長ねぎはみじん切りにする。ハムは5mm角に切る。ご飯は電子レンジでほんのり温める。

2 フライパンにバターを入れ、ねぎ、ハムをさっと炒めたらご飯を加える。トマトケチャップ、しょうゆ、粗塩を加え、全体を混ぜる。ボウルに入れて、うつわの上に返す。

3 オムレツを作る。卵と粗塩、砂糖、牛乳は小さめのボウルに入れて、フォークでよく混ぜる。フライパンを中火で1分ほど熱し、バターを溶かす。卵液を入れて箸で50回ほど勢いよく混ぜ、火を止めて余熱で卵に火を通す。へらで両端をたたみ、フライパンを45度に傾けて2のケチャップライスの上にのせる。好みでトマトケチャップ、パセリのみじん切りをかける。

ご飯

スパイシーカレー

市販のルウ
＝ ＋5種のスパイス

カレーは日本人の大好物。

でも現在、私たちが食べているカレーは、インドから直接伝わったものではなく、

「日本風」のカレーだといわれています。

カレー粉は、インドのスパイスがイギリスに伝わり、独自にミックスされて作られたもの。

そのカレー粉が日本へやってきて、シチュー風の料理となって白米と組み合わさったものが、

日本独自のカレーライスなのだそう。

日本で一般的に市販されているカレールウには、小麦粉やトマトペースト、玉ねぎなどのほか、

ターメリック、クミン、コリアンダー、カルダモン、チリペッパーなどのスパイスが入っています。

このままでもおいしいのですが、気分によって、**追加のスパイスを加えると個性のある味になります。**

具材も、じゃがいもとにんじん、鶏肉といった定番だけでなく、牛すじ肉や豚肉、ラム肉、

えびや帆立て貝柱などの魚介類……そしてごぼう、れんこん、大根などの根菜類や、

パプリカやオクラなどの季節の野菜、なんでも試してみましょう。

肉も魚介も意外となんでもいけます。カレーは懐の深い料理。

ちょっとしたアレンジでいつものカレーが簡単にバージョンアップしますよ。

こちらの牛すじごぼうカレーは、わが家の人気ナンバーワン。

ごぼうの風味が牛肉ととても合うんです。

牛すじごぼうカレー

…材料（4人分／作りやすい分量）…

牛すじ肉・500g
ごぼう・1本
玉ねぎ・1個
にんにく・2かけ
オリーブオイル・大さじ1
牛すじのゆで汁・カップ1
水・カップ2
市販のカレールウ・100g
追加スパイス
　コリアンダーパウダー・小さじ1
　クミンパウダー・小さじ1
　カルダモンパウダー・小さじ1
　チリパウダー・小さじ1/2
　粗山椒・小さじ1
しょうゆ・大さじ1
ご飯・適量
温泉卵・適宜

1 牛すじ肉はひと口大に切る。圧力鍋に入れ、かぶるくらいの水（分量外）を加えてふたをし、強火にかける。圧力がかかったら弱火にして35分ほど煮る。柔らかくなったらざるに上げ、流水で洗う。ゆで汁はとっておく。
2 玉ねぎはみじん切りに、にんにくは薄切りにする。ごぼうは皮をこそげ、乱切りにする。
3 洗った圧力鍋にオリーブオイルを熱し、追加スパイスをすべて入れてさっと炒める。
4 3に玉ねぎ、ごぼう、にんにくを加え、さらに全体を炒め合わせる。
5 牛すじとゆで汁、分量の水を加え、圧力鍋のふたをして強火にかける。圧力がかかったら弱火にして3分ほど煮る。
6 鍋に流水をかけて圧力を下げ、ふたを開ける。しょうゆを加え、カレールウを溶かす。ルウの分量は味を見ながら調整する。
7 食べる直前に6を温め、うつわにご飯を盛った上にかける。好みで温泉卵を添える。

memo1：圧力鍋を使わない場合、牛すじは柔らかくなるまで、弱火で90分ほど煮る（プロセス1）。牛すじと野菜類を煮込むときは、ごぼうが柔らかくなるまで、弱火で20分ほど煮る（プロセス5）。
memo2：粉山椒をさらにかけてもおいしい。

圧力鍋3分カレー

・・・材料（4人分／作りやすい分量）・・・

鶏もも肉・1枚（約300g）
にんじん・2本
じゃがいも・3個
玉ねぎ・1個
バター・10g
水・カップ3
市販のカレールウ・100g

追加スパイス
コリアンダーパウダー・小さじ1
クミンパウダー・小さじ1
カルダモンパウダー・小さじ1
ガラムマサラ・小さじ1
チリパウダー・小さじ1/2
ご飯・適量
らっきょう、ピクルス・各適宜

1 鶏肉は3cm角に切る。にんじん、じゃがいも、玉ねぎは皮をむき、ひと口大に切る。
2 圧力鍋にバターを入れて弱火にかけ、追加スパイスをすべて加えてさっと炒める。
3 2の鍋に鶏肉と野菜、分量の水を加えてふたをする。強火で熱し、圧力がかかったら弱火にして3分ほど煮る。
4 鍋に流水をかけて圧力を下げ、ふたを開ける。カレールウを加えて溶かす。ルウの分量は味を見ながら調整する。
5 うつわにご飯を盛りつけ、4をかける。好みでらっきょう、ピクルスを添える。

memo1：追加スパイスはぜひ全部そろえてください。いつものカレーが見違えるほど複雑な味わいに激変します。
memo2：圧力鍋を使わない場合は、肉と野菜、スパイスをバターで炒めてから水を加え、弱火で15〜20分煮込み、野菜が柔らかくなったらカレールウを加える。

和食と薬味

薬味を知れば、料理がもっと楽しくなる

　和食はタイ料理やインド料理ほどスパイシーではありません。それは和食の根底に、水を活用して、食材の味わいを最大限引き出すという考え方があるからだと思います。スパイスの特性を知るとインドカレーを作るのが楽しくなるように、和の薬味を知ると和食の世界がさらに奥深いものになります。

　日本ならではの薬味は多種多様です。野菜類をみじん切りにしたもの、ゆずなど柑橘類の皮、植物の根や種、実などを活用したものなど、いろいろな種類があります。野菜類で一番使われているのは、しそ、ねぎ、あさつき、わけぎ、みょうが、かいわれ大根など。これらは鮮やかな色みで五色を飾ります。根菜類の薬味ではしょうが、わさび、にんにく、大根類があります。なかでも私は、しょうがが大好き。煮魚、煮込み、スープなどに隠し味としてたくさん使います。煮込んだときのほのかな辛みを出すには、一番活用しやすいかもしれません。山椒もよく使います。山椒は粉山椒が一般的ですが、私はミルでそのつど、すりおろします。その差は歴然で、スープやみそ汁に混ぜたり、焼き物や煮物、酢の物の上にパラパラふるだけでパンチが生まれます。

　ほかに愛用しているのは京都の黒七味唐辛子、九州のゆずごしょう、沖縄のコーレーグースです。ゆずごしょうはわさびの代わりに刺身につけてもおいしい優れものです。

　インドのスパイス類、七味唐辛子、黒七味唐辛子、粉山椒などの粉ものは、少々温めることで香りが引き立ちます。ぴりっとした味を立たせたいときは、私は直前に電子レンジで温めて薬味を出します。テーブルの上に広がる香りは、記憶に残ります。ぜひ、いろいろな薬味を使ってみてくださいね。

関東風そばつゆ

5 : 1 : 1

自分で作ったそばつゆの味は格別です。関東風の濃いそばつゆの素（かえし）は、
しょうゆ5：みりん1：砂糖1の比率で作るのがおすすめです。
ざるそばの場合は、このつゆにだしを4倍加え、汁そばの場合はだしを8倍加えます。
だしと塩がきいた関西風とは違う、甘辛い味が特徴です。
冷蔵庫に保存しておくと煮物などにも使えて便利です。

×4 ざるそば

・・・材料（2人分）・・・

そば（生または乾麺）・2人分
そばつゆの素（P141参照）
　・カップ¼弱
だし
　削り節（花かつお）・カップ½
　水・カップ1
かき揚げ（P68参照）・2個

1. だしをとる。鍋に分量の水を入れて火にかけ、沸騰したら削り節を加える。ふたをして中火で10分ほど煮る（ぐつぐつ煮てよい）。ざるにキッチンペーパーを敷いてこす。
2. そばつゆを作る。そばつゆの素1に対してだし4の割合で混ぜ合わせる。
3. そばはたっぷりの熱湯で好みの固さにゆで、ざるに上げて流水でぬめりを洗う。ボウルに氷水（分量外）を用意し、麺を締める。10秒ほどつけたらざるに上げ、上下にふってしっかり水けをきる。
4. うつわにそばとかき揚げを盛り合わせ、そばつゆを添える。

×8汁そば

・・・材料（2人分）・・・

そば（生または乾麺）・2人分
そばつゆの素・カップ¼程度
だし（作りやすい分量）
　削り節（花かつお）・カップ½
　水・カップ2½
えびの天ぷら（P67参照）・4尾
長ねぎの小口切り・少々
七味唐辛子・適宜

1. ざるそばを参照してだしをとる。
2. そばつゆの素1に対してだし8の割合で鍋に合わせ、温める。
3. そばはたっぷりの熱湯で好みの固さにゆで、ざるに上げて流水でぬめりをよく洗い流す。
4. 麺の水けをよくきって、2の鍋に入れる。沸騰したらうつわに盛る。
5. 天ぷらをのせて長ねぎを添え、好みで七味唐辛子をふる。

そばつゆの素（かえし）

・・・材料（4～6人分／作りやすい分量）・・・

しょうゆ・カップ¾　　みりん・大さじ2　　砂糖・大さじ2

1. 鍋に砂糖とみりんを入れ、中火にかける。沸騰したら弱火にし、そのまま1分ほどみりんのアルコール分をとばす。
2. 1の鍋にしょうゆを加え、再度沸騰したら火を止める。
3. 冷めたら密閉容器に入れ、冷蔵庫で保存する。

memo：冷蔵庫で約1ヵ月間保存可能。

うどんつゆ ＝ カップ4でオール1

福岡出身の私としては、うどんは四国と同じように、
だしのきいたクリアなスープでいただくのが好みです。
そんなしょうゆ風味が薄めのうどんつゆを紹介します。基本は**「カップ4のだしに、
小さじ1の粗塩と砂糖、大さじ1の薄口しょうゆ」**という配合で作ります。
カップ4のだしに対して、すべて「1」のつく調味料だと覚えてください。
福岡はあご(とびうお)を、四国はいりこをだしに使いますが、
昆布と削り節でだしをとる場合は、しょうゆとナンプラーを半々にして入れてみてください。
ナンプラーによって"魚だし"の旨みが加わります。
うどんは、乾麺ならば五島うどん、半田めん、氷見うどん、
稲庭うどん(寛文五年堂、佐藤養助商店など)は、ぜひ試していただきたい逸品。
冷凍ならば加ト吉がおすすめです。

すだちうどん

・・・材料(2人分)・・・

うどん(乾麺)・160g
すだち・2個
だし
　削り節(花かつお)
　　・カップ1
　昆布・10cm角1枚
　水・カップ4強

調味料
粗塩・小さじ1
砂糖・小さじ1
薄口しょうゆ
　(またはしょうゆ+ナンプラー)
　・大さじ1

1 だしをとる。鍋に分量の水と昆布を入れて火にかけ、沸騰したら火を弱めて削り節を加える。ごくごく弱火で3～4分煮て、ざるにキッチンペーパーを敷いてこす。
2 1のだしが温かいうちにボウルに移し、調味料を加えて味をととのえる。粗熱がとれたら冷蔵庫に入れ、しっかり冷やす。
3 すだちはよく洗い、薄切りにして種を除く。
4 うどんはたっぷりの熱湯で好みの固さにゆでる。ざるに上げ、流水でぬめりを洗って氷水にさらす。水けをしっかりきり、うつわに盛る。
5 2のだしを注ぎ、すだちをのせる。

しょうがあんかけうどん

・・・材料(2人分)・・・

うどん(冷凍)・2玉
油揚げ・½枚
おろししょうが・大さじ2
わけぎ・2本
だし
　削り節・カップ1
　昆布・10cm角1枚
　水・カップ4強

調味料
粗塩・小さじ1
砂糖・小さじ1
薄口しょうゆ
　(またはしょうゆ+
　ナンプラー)・大さじ1
片栗粉・小さじ1
水・大さじ1

1 すだちうどんを参照してだしをとる。鍋に入れて調味料を加え、味をととのえる。水で溶いた片栗粉を加え、ゆるいとろみをつける。
2 油揚げは熱湯をかけて油抜きし、1cm幅に切る。わけぎはななめ細切りにする。
3 うどんはたっぷりの熱湯で好みの固さにゆでる。その間に1を温め、煮立ったら油揚げを加えてすぐに火を止める。
4 麺の水けをしっかりきって器に盛り、3のつゆを注ぐ。わけぎ、おろししょうがを添える。

memo：うどんは乾麺でもおいしい。好みで黒七味唐辛子や粉山椒をかけても。

麺 143

みそ汁1人分

= だしカップ1
＋野菜片手分
＋みそ大さじ1

うちで人気のみそ汁の具材をご紹介します。
まずはじゃがいもと玉ねぎ、わかめと豆腐、なすとねぎ、ごぼうとこんにゃくとじゃがいも、
里いもとねぎ、あさりとねぎ、豆腐となめこ、オクラと豆腐とすりごま、白菜と豚ばら肉など。
油揚げと野菜を組み合わせるのも定番で、大根、水菜、キャベツ、
しいたけ、さつまいも、まいたけなどを油揚げといっしょにします。
好きなみそは信州みそ、九州麦みそ、あとは赤みそです。
だしは昆布とかつおも好きですが、九州のあごだし(パックで売っているもの)も大好きです。
深みのある味わい。パックは楽で、すばらしい。

すまし汁1人分

= だしカップ1
＋粗塩小さじ¼
＋しょうゆポトリ

すまし汁もいろいろあります。
こちらでは、うちで人気のお吸いものをご紹介します。
けんちん汁(れんこん、にんじん、豆腐、こんにゃく、鶏肉)、竹の子とわかめ、
水菜と油揚げ、大根とねぎ、はまぐりと菜の花、とうがんとしょうが、ごぼうと鶏肉、
おろし大根と鶏肉、ねぎの卵とじ、いろいろきのこ、
鯛の尾頭(塩をしばししてさっと湯通し)、もちと豆腐と水菜、
豆腐とあおさのり、えびだんご、鶏だんご、三つ葉と豆腐などなど、
具材の可能性は無限大です。

調味料にはこだわって

1に水、2に塩で、3にその他の調味料です

　和食にとって、もっとも大切な材料は水です。ですから水道水を飲んでみて、苦みなどちょっと違和感を感じるようであれば、浄水器をつけたりすることが、おいしいご飯やみそ汁、煮物を作る最短の道となります。

　次に重要なのは、塩だと思います。塩はナトリウム塩も含め、いろいろな選択肢がありますが、まずは自然塩（天然の塩）をおすすめします。塩けだけでなく、複雑な旨みもあるため、素材の甘みを引き出すことができます。また、塩にどんどんこだわっていくと、地方によって、国によって、全然味が違うことを発見できます。これらは多少値が張りますが、天ぷらや冷や奴、トマトにパラパラとかけるだけで、大きな威力を発揮します。例えば右ページにご紹介している以外でも、男鹿半島の塩、わじまの海塩、沖縄の塩シママースなどもおすすめです。それから市販の味つけ塩こしょうも私はよく活用します。こちらは塩とこしょうのほかに旨み成分も加わっているため、味のつき方がマイルド。フライをするときに手放せない調味料です。

　お酢にもさまざまな種類がありますが、私がもっとも活用しているのはすし酢です。多くの人はすし酢を酢飯を作るときだけに使いますが、私はドレッシングや隠し味としても使います。ドレッシングを作るときは、すし酢とその他の材料をすべて１：１の配合で混ぜていけば、驚くほど味の決まるドレッシングができ上がります（すし酢１：オイル１など）。

　そのほかにおすすめの調味料は右ページでご紹介しています。和食の味を豊かに、深いものにしてくれるこれらをぜひ活用してみてください。

【塩】 旨み、苦み、甘みに特徴ある塩を

料理のベースとして使っているのは粗塩。左の3種類（粟国の塩、海の精あらしお、伯方の塩）はどれもマイルドな味わいで、どんな食材にも合う使い勝手のいい塩です。パンチのある味がほしいときは、イギリスのマルドン（右から2番目）。その個性で味を決めてくれます。仕上げに使うのは、甘みがありやさしい塩味のフランスのカマルグ（右）。

【オイル】 ごま油とオリーブオイルがあれば

炒めるときはごま油か普通のオリーブオイル。生で食べるときはエクストラバージンオリーブオイルで、特に南イタリア産を愛用。パンチのある青っぽさが好みです。基本的にサラダ油は使わないのですが、天ぷらだけはサクッと揚がるので、ごま油をブレンドして使っています。

【みりん】 発酵調味料の「本みりん」を

最近は知られてきていますが、"みりん風調味料"と本物の"みりん"は違います。本みりんは発酵由来の深みのある味わいですが、みりん風のほうは甘みがたち、複雑さに欠けます。銘柄よりもこだわるべきは、「本みりん」かどうかです。

【しょうゆ類】 ナンプラーは"しょっつる"感覚で

しょうゆは濃口と薄口、ナンプラーを常備。薄口は色がちゃんと薄く、塩けが利いたヒガシマルがお気に入り。ナンプラーは日本の発酵調味料、しょっつるの感覚で、旨みを生かして和食にももっと取り入れてみて。いずれも小さいボトルを買い、早めに使い切ります。

【酢・すし酢】 好みの酸味を探してみて

すし酢は酢のもののほか、ドレッシングなどにも。マイルドな酸味で味が決まりやすいのでおすすめです。そのほかにもバルサミコ酢やワインビネガーなど、好みの酸味のお酢をそろえておくと、食卓が楽しくなります。

【ポン酢・だししょうゆ】 食卓が豊かになる調味料をそろえて

ポン酢は、鍋料理はもちろん、カルパッチョなどにも。旭ポンズは、化学的でないフレッシュな味わいがお気に入り。だし醤油は、冷や奴や卵かけご飯など、わが家では"柔らかい味のしょうゆ"として使っています。

【その他】

どの家庭にもお気に入りの常備スパイスがあると思います。九州出身の私にとって、ゆずごしょうはそのひとつです。京都産の山椒と七味も、そばとうどんだけでなく、カレーや煮物にも欠かせません。石垣島のラー油も気づけば常備メンバーに。和食に新しい味を吹き込む調味料と出会うのは、食の楽しみのひとつです。

調理道具を味方に

調理道具には、味を変える力があります

　和食を独特な存在としている要因に、まずは和包丁があると思います。日本以外の包丁は錆びにくいステンレスで作られていますが、日本の包丁は、切れ味はよいけれど、錆びやすいという短所もある鋼(はがね)で作られています。料理人の方が毎日のように包丁を研ぎ、完全に乾かし、時に火であぶっているのは、包丁を錆びさせないための工夫です。

　私はその中間ともいえる、錆びにくい合金鋼で作られた包丁を持っていて、その中でも牛刀と呼ばれる洋包丁、ペティナイフ、そして刺身包丁の3本を使っています。これと調理ばさみがあれば、わが家の料理はすべて作ることができます。研ぐときは砥石で研ぎますが、お皿の後ろのへりなどでさっと研ぐだけでも、よく切れるようになります。刺身は洋包丁を押して切るのではなく、刺身包丁で手前に引いて切ると美しく切れるので、刺身が好きな方は一本用意されることをおすすめします。

　鍋はお好みでいろいろなものをそろえるとよいと思いますが、私が好きなのは軽いアルミの鍋です。バッグもアクセサリーもそうですが、年を重ねると軽さが大事。重いものは使うのがおっくうになり、結局引き出しから出さなくなってしまいます。圧力鍋は大きなものと小さなものを2つ持っていて、ゆで卵やじゃがいもをゆでるくらいなら、軽くて小さなものを活用します。圧力鍋は煮込み料理だけでなく、野菜の下ゆでなど料理の下ごしらえにも意外と活躍してくれます。電子レンジも同様で、ともに縁の下の力持ち的存在です。そうした、自分にとっての頼れる相棒となる道具があると、料理は断然簡単に、楽しくなりますよ。

愛用している包丁類。左から、佐文の柳包丁は、刺身を切るときに使います。となりの杉本のCM2121とペティナイフは、特殊合金鋼なのでさびにくい。調理ばさみは私の手にちょうどよいサイズで、いろいろな食材を切るのに使っています。よい道具は長く使えるので、結局はもとがとれると思います。

和食とお酒

お酒は料理を何倍にもおいしくしてくれるマジシャン

　私が考える和食と合うお酒は、日本酒に焼酎、白ワイン、そしてハイボールです。まずは日本酒。「大吟醸・吟醸」「純米酒」「本醸造酒」といった種類があります。「大吟醸・吟醸＝香り高くフルーティ」「純米酒＝ふくよかで米のうまみが広がる」「本醸造酒＝熱燗にぴったり」というのがざっくりとしたイメージです。日本酒だけを楽しみたいときは大吟醸もよいかもしれませんが、私は食事に合わせるならば吟醸や純米酒、本醸造酒の熱燗が合うなぁ、とも思います。最近好きなのは、純米酒で火入れをしていない生酒です。するする飲めて危険ですが（笑）、和食の食中酒としてよい味わいだと思います。

　焼酎にも、米焼酎、麦焼酎、芋焼酎、泡盛、そば焼酎など、いろいろな種類があります。女性におすすめなのは、米焼酎。フルーティでさわやかです。私は麦焼酎が好きで、こちらはどんな料理にも合わせやすいと思います。本当の焼酎好きは、芋にいきつくといわれています。香りや甘みが強く、寒い夜などは焼酎と水を１：１で混ぜて、40度ほどの熱燗にすると最高です。

　白ワインを選ぶならば、ほんのり甘さのある、辛口のリースリングやゲヴェルツトラミネールという品種がとても合うと思います。シャルドネも合いますが、こちらはオークの香りが強すぎたり、果実味が強すぎるタイプでないほうが合うと思っています。

　そして最後はハイボール。こちらも和食によく合います。ハイボールにするとウィスキーの甘い香りが引き立ち、ふわりとした味わいになるので、どんな和食とも合う気がしています。……お酒の話をしたら、止まらなくなってしまいますねぇ。

酒器を手にするたびに思います。こんなに小さなおちょこにお酒を注ごうと思った人がいたことを。大きなグラスでなく、この小ささだからありがたみを感じるのかなぁ。三島や九谷、有田などいろいろな酒器を集めています。

和食と
おもてなし

おもてなしはconsideration。きっと、思いやり

　おもてなしは、茶道の世界でよく使われる言葉です。英語でhospitalityと訳されたりしますが、私は、consideration、思いやりのほうが近いのではないかと思っています。おもてなしとは、客人の心を想像して慎み深く気配りをし、花一輪、お茶一杯に心をかけ、相手を尊重して思いやることが大切、という意味合いです。茶道だけでなく、和食の世界の根底に流れる精神も、おもてなしだなぁと思います。お客さまだけではなく、家族がどんな体調で、どんなものが食べたいのか。旬の素材に気を配り、盛りつけるうつわに心をかけ、相手を尊重して作る料理、それこそが和食だろうと思うのです。

　「おもてなしをするにはどうしたらいいですか？」と聞かれることがあるのですが、一番大切なことは、おもてなしをするその本人の心が平穏で、よき時間を創り出す余裕の心があることではないかな、と思います。お客さまであろうと家族であろうと、平常でいられない品数の料理を作る必要はなく、自分も落ち着いて席に座って、一期一会の瞬間を大切にできることが最高のおもてなしではないかな、と。落ち着いて座るためには、自分が呼べる人数のリミットを知ること、きちんと段取りをすることも大事です。

　また和食は五味、五色、五感を大切にしますが、そのうちの五感には料理をいただく感覚だけでなく、そのまわりの空間も含まれています。どんな場所でどんな照明の下、どんな音楽を流して人を迎えるのか。私などは、むしろそちらが気にかかってしまう（笑）。お客さまがいらっしゃるときは、キャンドルをつけたり消したり、お香を焚いたりすることに一生懸命になってしまいます。ある意味、料理そのものより人の心を動かす力があると考えているからです。

　その時間が記憶に残るものとなるよう、心をかけ始めると、自分にとっても最高のエンターテイメントになります。「ありがとう」というメールは、私にとっては拍手と同じ。すてきなおもてなしを生み出す、味のある役者になれたらいいな、と思います。

たった一輪の花に、その場の雰囲気を変える力があります。花は生きもので、精神が宿っているからだと思います。玄関の一輪、トイレの一輪、食卓の一輪。それぞれに違うパワーを放ちます。花とキャンドルのある人生は私の理想です。

おわりに

食は人をつなげる。和食は世界と日本をつなげる

　外国の人たちに「和食ってこういうものだよ」と説明するうちに、改めて和食のすばらしさに出会いました。新鮮な食材や水は、シンプルな調理法を生み出し、ヘルシーでバランスがよく、かつ季節のうつろいを取り込むエンターテイメント性に溢れています。さらには沖縄に、秋田に、富山に、長野に、松山に、北海道にと旅をしてみると、南北に長い日本だからこそ、郷土性に富む食文化が残っているのだ、と改めて発見があります。ある意味、私にとって、日本は地方性が濃く残るアジアの「イタリア」です。

　多くの人が「日本の食文化は失われつつあるのではないか」と言います。年中行事で食べていた料理を食べなくなり、料理を作れる人も減っているのではないか、と。一方で、ネットやSNSを見ていると、むしろ日常生活を楽しむ人たちは増えているのではないか、とも思います。お盆にのせた美しい和食や、彩りよく盛りつけられたお弁当、野菜いっぱいのおみそ汁の写真は小さな共感を呼び、また渦となって動き出しているのではないでしょうか。

　毎日の食を大切にするようになると、「作ること、食べること」自体が、人生のエンターテイメントになります。朝起きて、「今日の朝は、ご飯とおみそ汁に卵焼きを焼こう。お昼は軽くパンとサラダにして、夜は竹の子ご飯に、太刀魚のから揚げ、そうだなぁ、子どもたちが好きだから茶碗蒸しも作ろうかな」と考えたとたん、目の前にやることがたくさん生まれ、体がきびきび動き出します。不思議なことに日本人は、ただお腹をいっぱいにするために食べるのではなく、そこに季節性を加え、うつわを替え、目で見ても楽しい食文化をつくってきました。たった一杯のお茶でも、お弁当でも、心をかけることで「食べること、飲むこと」を一つのイベントとし、日常の小さな幸せが生まれるよう、工夫をしてきたのかもしれません。

食べることが好きな人間にとって、日本は選択肢の多い国です。B級グルメも懐石料理も、イタリアンもインディアンも、フレンチも、コンビニのお弁当もおいしい。世界有数の美食国家であることは間違いありません。新しいものをどんどん受け入れる日本人の姿勢は、日本が決して閉ざされた国ではなく、こだわりのないオープンな国であることを示しています。日本の和食に夢中になってくださる外国の人がたくさんいるのは、私たちがたまたま生まれながらにして持っていた季節や水や食材が、そしてそれらを調理する技法が、世界の人にとって魅惑的なものであったということを教えてくれます。食べるものは、人を変える力があります。和食はこれから、日本に住む私たちだけでなく、日本以外に住む人たちの心を、体を満たしてくれる、すてきなワンダーワールドになるのかもしれません。

　当たり前の和食を、こんな一冊にしてくださった編集者の山本忍さん、陰影ある美しい写真を撮影してくだった川上輝明さん、「日本と和食」というテーマを、現代的にアートディレクションしてくださった齊藤智法さん、奥村啓子さん、お料理アシスタントの天野由美子さん、心から、ありがとうございます。

　そして、この本を手にしてくださったみなさん。どうか小さな発見のある一冊であることを祈っております。ありがとうございます。

2016年初秋　行正り香

主菜から献立を立てよう
食材別さくいん

献立はまず主菜から考えると簡単です。肉か魚か、味つけは塩だけなのか、甘辛いのか、焼くのか煮るのか揚げるのか、といった食材と味の方向性次第で、バランスを見て副菜を選びましょう。

例えば……

献立例1	献立例2	献立例3
主菜「鯛の塩焼き」(P018)	主菜「豚ばらと大根煮」(P057)	主菜「牛すじごぼうカレー」(P136)

↓ ↓ ↓

「いろいろ野菜の揚げびたし」(P110)	「ブロッコリーのごま和え」(P104)	「キャベツときゅうりのサラダ」(P116)

献立例1 のシンプルな魚の塩焼きには、野菜を揚げてしっかりめに味をしみ込ませた1品を、 献立例2 のこっくりした煮物には、さっぱりした野菜の和えものを合わせます。 献立例3 のカレーも同様に、さわやかな味わいのサラダで不足している葉物類を補います。もし余裕があれば、副菜をもう1品追加してもいいですが、これらにみそ汁やすまし汁とご飯があれば（献立例3以外）、十分な献立となります。少しもの足りないなと思ったら、汁ものを具だくさんにすると満足感がアップしますよ。

【 1. 主菜を決める 】

肉類

鶏肉

手羽先の照り焼き …………………… 026
鶏ももの照り焼き …………………… 027
ピーマンの肉詰め 七ちゃん煮 …… 049
鶏のから揚げ ………………………… 072
チキン南蛮 …………………………… 074
圧力鍋3分カレー …………………… 138

豚肉

豚のみそ焼き ………………………… 028
豚のしょうが焼き …………………… 029
13分ハンバーグ ……………………… 034
本格ハンバーグ ……………………… 036
豚肩ロース煮 ………………………… 056
豚ばらと大根煮 ……………………… 057
肉だんご甘酢がけ …………………… 075
とんカツ ……………………………… 076
コロッケ ……………………………… 078
ライスバーガー ……………………… 125

牛肉

2分ステーキ ………………………… 030
焼肉 …………………………………… 032
13分ハンバーグ ……………………… 034
本格ハンバーグ ……………………… 036
ローストビーフ ……………………… 038
肉じゃが 七ちゃん煮 ……………… 046
牛肉の八幡巻き 七ちゃん煮 ……… 048
すき焼き ……………………………… 060
ライスバーガー ……………………… 125
牛丼 …………………………………… 134
牛すじごぼうカレー ………………… 136

その他の肉

鴨の六ちゃん鍋 ……………………… 044

魚介類

あさり

あさりとごぼうの炊き込みご飯 …… 126

あじ

あじフライ …………………………… 079
あじのちらしずし …………………… 132

えび

えびときすの天ぷら ………………… 066
玉ねぎとにんじんのかき揚げ ……… 068

かれい

かれいの煮つけ ……………………… 054
かれいのから揚げ …………………… 070

きす

えびときすの天ぷら ………………… 066

鮭

生鮭の幽庵焼き ……………………… 020

主菜から献立を立てよう
食材別さくいん

さば
さばのみそ煮 …………………… 058
さばの酢締め …………………… 098

さわら
さわらのバター焼き …………… 022

鯛
鯛の塩焼き ……………………… 018
鯛のみそ幽庵焼き ……………… 021
鯛の酒蒸し ……………………… 090
鯛のカルパッチョ ……………… 101
鯛とねぎの炊き込みご飯 ……… 128

たこ
たこのから揚げ ………………… 069

ぶり
ぶりの照り焼き ………………… 026

まぐろ
まぐろの刺身 …………………… 096
あぶりまぐろとアボカド ……… 100
まぐろのづけ丼 ………………… 133

その他
ゆず風味のいなりずし ………… 130
オムライス ……………………… 135
×4ざるそば …………………… 140
×8汁そば ……………………… 141
すだちうどん …………………… 142
しょうがあんかけうどん ……… 142

【 2. 副菜を決める 】

野菜類ほか

カリフラワー
ピクルス ………………………… 115

キャベツ
キャベツときゅうりのサラダ … 116

きゅうり
きゅうりとわかめの土佐酢和え … 113
キャベツときゅうりのサラダ … 116
きゅうりとちくわのサラダ …… 118

さやいんげん
さやいんげんのおかか和え …… 105
いろいろ野菜の揚げびたし …… 110

しめじ
春菊としめじ、かにかまの酢の物 … 112

じゃがいも
にんじんとじゃがいものきんぴら … 084

春菊
春菊としめじ、かにかまの酢の物 … 112

大 根
紅白なます ………………………… 114
大根とにんじんのツナサラダ ………… 119

竹の子
竹の子とわかめ　十六ちゃん煮 ……… 052

なす
いろいろ野菜の揚げびたし …………… 110

にんじん
にんじんとじゃがいものきんぴら ……… 084
にんじんとほうれんそうの白和え ……… 106
紅白なます ………………………… 114
ピクルス …………………………… 115
大根とにんじんのツナサラダ ………… 119

パプリカ
パプリカののり炒め ………………… 085
いろいろ野菜の揚げびたし …………… 110

ブロッコリー
ブロッコリーのごま和え ……………… 104

ほうれんそう
ほうれんそうのだし炒め ……………… 082
にんじんとほうれんそうの白和え ……… 106
ほうれんそうのおひたし ……………… 108

マッシュルーム
マッシュルームのバターわさび炒め …… 086

水 菜
水菜と揚げ　八ちゃん煮 ……………… 050

わかめ
竹の子とわかめ　十六ちゃん煮 ……… 052
きゅうりとわかめの土佐酢和え ………… 113

その他
豆腐の卵炒め ……………………… 087
茶碗蒸し …………………………… 089

159

行正り香 *Rika Yukimasa*

料理家。作りやすさを第一に考えた、簡単で見栄えのするレシピが魅力で、家庭での再現性も高いと人気。和食から洋食、エスニックからお菓子まで、50冊以上の著書があり、『だれか来る日のメニュー』（文化出版局）、『19時から作るごはん』（講談社）などは中国語や韓国語にも翻訳されている。近著に『今夜のワイン、どうしよう？ 今夜のゴハン、どうしよう？』（講談社）、『行正り香のクイックサラダ』（主婦と生活社）がある。18歳でアメリカへ留学し、UCバークレー校を卒業した経験から、海外の視聴者を対象とした、NHKワールドのテレビ番組「Dining with the Chef」のホストを務め、世界に向けて日本料理をプロモートしている。献立提案アプリ「今夜の献立、どうしよう？ FOOD/DAYS」の企画制作にも携わる。オフィシャルサイト「FOOD/DAYS」、インスタグラム rikayukimasa。

料理・スタイリング
行正り香
撮影
川上輝明
大坪尚人（コラム／本社写真部）
ブックデザイン
齊藤智法
奥村啓子（d-couleur）

講談社のお料理BOOK
レシピのいらない和食(わしょく)の本(ほん)

2016年9月20日　第1刷発行

著者　　行正(ゆきまさ)り香(か)
©Rika Yukimasa 2016, Printed in Japan
発行者　鈴木 哲
発行所　株式会社 講談社
　　　　〒112-8001 東京都文京区音羽2-12-21
　　　　編集　☎ 03-5395-3529
　　　　販売　☎ 03-5395-3606
　　　　業務　☎ 03-5395-3615
印刷所　大日本印刷株式会社
製本所　株式会社若林製本工場

落丁本・乱丁本は購入書店名を明記のうえ、小社業務あてにお送りください。送料小社負担にてお取り替えいたします。なお、この本についてのお問い合わせは、生活実用出版部 第二あてにお願いいたします。本書のコピー、スキャン、デジタル化等の無断複製は著作権法上での例外を除き禁じられています。本書を代行業者等の第三者に依頼してスキャンやデジタル化することは、たとえ個人や家庭内の利用でも著作権法違反です。定価はカバーに表示してあります。

ISBN978-4-06-299681-5